KB042941

나를 정화하고

사랑하는 거울명상

나를 정화하고 사랑하는 거울명상

초 판 1쇄 2021년 07월 27일

지은이 김미진
펴낸이 류종렬

펴낸곳 미다스북스
총괄실장 명상완
책임편집 이다경
책임진행 김가영, 신은서, 임종익

등록 2001년 3월 21일 제2001-000040호
주소 서울시 마포구 양화로 133 서교타워 711호
전화 02) 322-7802~3
팩스 02) 6007-1845
블로그 http://blog.naver.com/midasbooks
전자주소 midasbooks@hanmail.net
페이스북 https://www.facebook.com/midasbooks425

ISBN 978-89-6637-938-5 03190

값 15,000원

미다스북스는 다음세대에게 필요한 지혜와 교양을 생각합니다.

삶을
다시 시작하는
거울명상

억압된 감정과
무의식을 정화하라
그리고 현실을 창조하라

나를 정화하고 사랑하는 거울명상

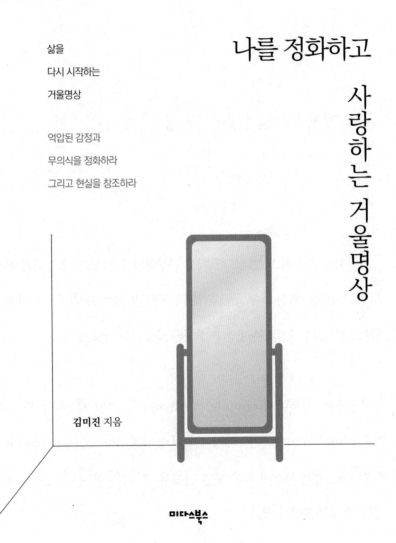

김미진 지음

미다스북스

존재 자체가 근원의 빛이고 사랑인 삶을 위해

가족학을 전공한 나는 상담소에서 근무하기를 원했다. 졸업하기 전부터 사)부산여성의전화 부설 가정폭력성폭력상담소에서 인턴을 시작으로 나는 세상에서 여전히 차별받고 소외된 사람들을 만나게 된다.

가정폭력, 성폭력 피해 여성들을 상담하면서 '무엇 때문에 이렇게 고통을 받아야 하는 것인가?' 세상에는 더 없이 행복한 사람들도 많은데….
어떤 이는 좋은 부모와 좋은 환경 속에서, 또 다른 이는 더 없이 불행한 환경 속에서 살아야 했다.

나의 열정을 쏟은 직장을 뒤로하고 나는 발달장애아동들의 언어, 심리 치료 및 장애아동의 서비스 지원을 위한 사회적 기업에서 일을 하게 된다. 나는 이곳에서 발달장애 아동들을 만난다. 장애아동을 양육하는 부모님의 심정은 감히 헤아릴 수 없다. 이곳에서도 나는 삶에 대해 '왜?'라는 의문을 갖는다.

　그리고 2010년부터 공공기관에서 사례관리사로 지금까지 일을 하고 있다. 질병, 실업, 이혼, 폭력 등의 위기 사유가 발생한 가정을 발굴하고 서비스 지원 등을 통해 현재의 위기 상황을 경감하고 안정된 생활을 할 수 있도록 돕는 일을 하는 것이다. 이곳에서는 가정폭력 및 장애아동뿐만 아니라 아이부터 노인까지 지금 현재, 생애 가장 힘든 이들을 만나게 된다.

　처음에는 가정폭력과 성폭력 피해 여성, 발달장애 아동에서 지금은 경제적 어려움을 겪는 모든 사람들과 질병으로 고통 받고, 아동학대, 자살 등 복합적 어려움 속에 더 많은 대상자들을 만나고 있다.

　그렇게 20여 년을 고통 받는 사람들 속에서 도움을 주는 역할을 하며 살아왔던 것이다.

내가 만난 사람들 중에 단 한 명도 똑같은 삶을 사는 사람은 없다. 각자 고유한 삶을 살아가고 있으며 각자의 삶의 무게를 견디고 있다. 팔자고 운명이라고 말하기엔…. 지금 이 순간이 고통이며, 살아가기 힘든 삶을 마주하고 있는 것이다.

난 세상의 반쪽에서만 사는 것 같았다. 매일 만나는 이들의 고통과 함께 하였다. 삶은 내가 컨트롤 할 수 있는 것이 아니며 그 누구에게나, 언제, 어떻게, 어떤 불행이 찾아올지 모른다는 불안감이 내 무의식에 자리 잡기 시작한 것이다.

그 속에서 만난 감정들은 매우 어둡고 무거웠다. 불안, 원망, 미움, 좌절, 죄책감, 두려움, 분노, 수치심 등 수많은 부정적 감정들이 나의 억압된 감정들과 무의식으로 공명되었다. 그것을 인지하지 못하는 속에서…. 그리고 현실에서 나는 그런 감정들을 떨쳐버리지 못하고 또 나의 삶을 살아가고 있었던 것이다.

우리 사회에서 여성으로 살아간다는 것, 결혼과 출산은 더욱 나의 어깨를 무겁게 하였다. 지금까지 가지고 있던 사회적 통념, 관념들과 나의 가치관들이 상충할 땐 더 없는 좌절감을 경험해야 했다. 결혼과 출산, 아이를 양육하는 것은 또 다른 세계였다.

그렇게 나의 억압된 감정들은 현실에서 만난 이들의 고통과 만나면서 부정성으로 드러났으며, 출산으로 인한 호르몬이 도화선이 되어 우울증이라는 하나의 증상으로 발현되었다.

나 또한 세상에서 가장 힘들고 괴로운 사람이 된 것이다. 나의 억압된 감정과 무의식이 공명되어 내 안의 부정성이 만들어낸 결정체인 것이다. 이것은 나를 돌아봐달라는 하나의 시그널이었다.

거울명상이라는 도구를 만나면서 비로소 내 삶을 치유하는 여정이 펼쳐진다. 지금까지 만나왔던 수많은 인연을 통해 '왜 이렇게 힘들고 고통스럽고 불행한 인생을 살아야 하는가?'라는 의문에 답이라도 하듯, 스스로 치유할 수 있는 방법을 알게 된 것이다. 자신의 내면에 집중하면서 그동안 억압된 감정들과 무의식을 정화하고 내 안의 텅 빈 근원의 마음, 순수의식, 근원의 빛과 만나면서 온전히 나로 살아갈 수 있음을 경험하게 된다.

이 책은 거울명상을 실천하면서 생활 속에서 느꼈던 소소한 깨달음과 우울증을 스스로 극복해나가는 여정을 담았다. 억압된 감정과 무의식을 정화하면서 자신을 있는 그대로 인정하고 삶을 받아들이는 용기를 가지게 되었고 새로운 현실이 창조됨을 알게 되었다.

그리고 나 자신이 '사랑'임을, 존재하는 것 자체가 사랑임을 마음으로 느낄 수 있었다. 온갖 비구름에 덮여 있어도 그 너머 굳건히 자리하고 있는 태양과 같은…. 나의 존재 자체가 근원의 빛이고 사랑임을 머리가 아닌 가슴으로 받아들일 수 있게 된 것이다.

매일 새벽 거울을 마주 보면서 내 안의 억압된 감정들을 흘려보낸다. 거울 명상 몇 번 한다고 삶이 바뀌지 않는다. 하면 할수록 더 없이 감정의 소용돌이에 휘말려 오히려 명상을 하기 전보다 힘들 때도 있다. 더 감정에 민감해져 가족 간의 갈등을 겪기도 했다.

하지만 그럴 때마다 조 디스펜자가 얘기했던 것처럼 "치유는 기적이 아니라 훈련이다."라는 말을 되뇌였다. 포기하지 않고 끝까지 지속하는 것…. 그속에서 치유의 힘을 발휘하는 것이다.

간절하면 길이 열리는 것처럼 스스로의 감옥에서 벗어나고자 했던 마음이 공명되어 우연히 거울명상을 끌어왔고 이렇게 작가라는 새로운 삶에 도전하게 되었다. 거울명상으로 내 삶이 치유되고 새롭게 창조됨을 알게 된 것처럼 단 한 사람이라도 '거울명상'이라는 도구로 이러한 치유의 경험을 할 수 있기를 진심으로 바라본다.

"이 세상에 존재할 수 있도록 저를 낳아주신 부모님, 사랑하는 동생과 마음 따뜻한 시어머니, 온전히 나의 억압된 감정과 무의식 정화를 위해 맺어진 남편과 아이들에게 무한한 사랑과 감사를 보냅니다. 거울명상을 알게 해주신 김상운 선생님, 삿상모임의 원각 선생님과 도반님들, 그리고 소울메이트인 김한영 씨에게도 감사드립니다. 끝으로 이 글이 출판될 수있도록 도와주셨던 모든 분들과 내 삶의 성장을 위해 만난 모든 인연에 진심으로 고마움을 전합니다."

2021년 7월 김미진

4장 거울명상으로 나를 사랑하는 법

5장 난 지금 있는 그대로 행복하다

1장

———

왜 거울명상인가

0
1

이 순간 가장 힘든 사람들을 만나다

따르릉… 따르릉….

시계를 보니 새벽 3시. '이 시간에 도대체 누가 전화를 하는 거야.' 나는 더듬더듬 휴대전화를 찾았다.

"여보세요?"

"안녕하세요, 여긴 ○○대학병원입니다. 혹시 J씨 보호자이신가요?"

"보호자는 아니고 제가 사례관리를 하는 대상자입니다. 무슨 일로 전화하셨나요?"

"유리 조각으로 손목을 그어서 응급 이송되었습니다."

나는 현재 행정동복지센터에서 근무하는 사례관리사다. 나는 복지 사각지대의 대상자를 발굴하고 현재 위기 상황을 극복할 수 있도록 도와주는 역할을 한다. 2010년부터 지금까지 수백 명의 사람들을 만났고 200건이 넘는 사례관리를 진행했다. 그 예를 들어보면 다음과 같다. 매일 남편에게 매를 맞아온 여자의 하소연이다.

"한 달 동안 20일만 맞아도 참고 살았을 텐데, 그날은 너무도 아팠어요. 도저히 참을 수 없어 무작정 기차를 타고 제일 먼 곳으로 도망 왔어요. 지금 당장 거주할 곳도 생활비도 없어요."

그 외에도 한 중년 남성의 다음과 같은 사례가 있다. 빛 하나 들어오지 않는 깜깜한 지하방. 전기세와 도시가스비가 체납되어 이곳에는 최소한의 전기만 허용되고 있었다. 도시가스가 끊겨 음식도 조리할 수 없었다. 중년 남성은 그 지하방에서 휴대용 가스버너를 사용하며 정말 생명만 부지하고 있었다.

그는 사업 실패 후 이곳에서 생활하고 있었다. 최근 근로를 하지 못해

소득이 하나도 없었다. 당장 쌀과 식료품을 구입할 수 없어 며칠 동안 끓는 물에 라면수프를 풀어 끼니를 해결하고 있었다. 그동안 이가 모두 빠져 외관상 나이가 들어 보인다는 이유로 일용직 면접에서도 계속 퇴짜를 맞았다. 더 이상 버틸 수 없었던 그가 행정동복지센터에 도움을 요청한 것이다.

이 사례들은 10년 전의 일도 아니고 불과 1년 전의 일이다. 여전히 우리 주위에는 이런 극한의 삶을 버텨내고 있는 사람들이 있다.

남편의 외도로 극심한 우울증을 겪으면서 일상생활이 되지 않아 정신적, 경제적으로 어려움을 겪는 중년의 여성. 남편의 갑작스러운 뇌출혈로 다섯 남매를 두고 생활 전선에 뛰어든 어머니. 남편과 이혼해 아이들을 홀로 키워야 하는 한부모. 동업자에게 사기를 당해 잘나가던 회사 사장에서 모든 것을 잃고 자살을 시도한 남성.

이렇듯 나는 생의 한가운데에서 지금 이 순간 가장 힘든 사람들을 만나고 있었다. 그런 사람들을 돕는 게 나의 사명이라 생각하며 일했다. 난 사람들이 힘들고 어려울 때 도움을 주는 사람이라는 자부심을 갖고.

하지만 어느 순간 이 모든 일이 내 일이 될 수 있을 것만 같은 불안감이 엄습했다. 사실 누구에게나 일어날 수 있는 일이고 때론 더한 고통 속에 힘들어하는 사람들도 있다. 우리 부모님만 하더라도 지금까지 살아오면서 생사를 넘나드는 일들과 경제적 어려움에 힘겨워하셨다.

그냥 일로 만났던 이들의 삶이 순간 나의 삶이 될 수 있다는 두려움의 감정이 올라오면서 나와 그 불안과의 싸움이 시작되었다. 이렇게 나는 이 순간 가장 힘든 사람이 되어버린 것이다. 직업병이라고 치부할 수도 있겠지만 이 증상은 점점 내 삶을 힘들게 했다.

이러한 증상은 첫애를 출산하면서 산후 우울증으로 발전했다. 심장이 내 귀 옆에 있는 듯 쿵쾅쿵쾅하는 소리가 미친 듯 들려오기 시작했다. 남편의 밤늦은 퇴근은 항상 나를 불안하게 했다. 태어난 지 100일도 안 된 아이를 늦게까지 돌보던 어느 날 남편과 전화 연락이 되지 않았다. 그러자 그때부터 내 심장은 미쳐 날뛰기 시작했다.

집 안에 가만히 앉아서 기도를 하거나 명상을 할 수 없는 상태였다. 극심한 불안감을 안고 집 안을 계속 서성이다 무작정 아이를 안고 아파트 초입으로 달려가 남편 차가 들어오길 기다렸다.

그 이후 주로 새벽에 남편과 연락이 되지 않으면 경찰과 119에 연락했다. 친정이든 시댁이든 가리지 않고 전화했다. 남편이 퇴근하는 그 시간이 가장 견디기 힘든 시간이었다.

남편의 귀가 시간에 연락이 되지 않는다고 경찰과 119에 신고하는 사람이 얼마나 될까? 하지만 난 그렇게 하지 않으면 견딜 수 없었다. 퇴근 길에 무슨 사고나 나지 않을까 늘 노심초사해야 했다.

신혼 초 남편이 밤 깊은 시간까지 연락이 되지 않아 혼자 걱정하며 잠들었다. 남편이 너무 힘들어 조금만 쉬겠다며 멍석에 눕는 꿈속 장면에 놀라 잠에서 깼다. 여전히 남편의 전화기는 꺼져 있었으나 다행히 남편은 곧 돌아왔다.

여름이었으나 남편의 몸은 차가웠다. 퇴근 후 동료들과 술을 마셨다고 했다. 대리기사가 집 근처까지 운전해왔으나 남편이 깊이 잠드는 바람에 인근 상가 앞에 주차하고 가버렸다고 했다. 상가 주인이 발견하고 남편을 깨워 집으로 돌려보낸 것이었다.

밀폐된 차 안에서 에어컨을 켜놓고 오랜 시간 잠을 잤다면…. 아마 그때의 그 불안했던 마음이 사례관리를 하면서 증폭되었던 것 같다. 주 소득자의 갑작스러운 부재로 인해 힘들어하는 대상자와 오버랩되면서 언제든지 나에게도 불행한 일이 일어날 수 있을 것 같은 두려움에 휩싸인 것이다.

이 두려움과 불안은 내 삶에 크게 작용했다. 첫애가 14개월 되던 8월, 콧물로 인해서 동네 이비인후과의 진료를 받게 되었다. 병원에서는 삼출성 중이염이 의심된다며 큰 병원에서 진료받기를 권유했고 우리는 서울대 아동병원에서 진료를 받았다.

2개월을 지켜보다 차도가 없자 교수님은 중이염이 아닐 수 있으니 일단 고막을 절개하고 그 안에 있는 것을 확인해 보는 방법밖엔 없다고 했다. 어린아이를 전신 마취를 하고 수술해야 한다니…. 부모가 되려면 이러한 고통도 인내해야 한다지만 내 상태로는 정말 견디기 힘든 일이었다.

수술실에서 교수님은 종양이 발견되었고 조직 검사와 CT, MRI 검사를 해야 한다고 했다. 검사 결과를 기다리는 시간은 정말 피가 마르는 시간이었다. 내 심장은 또다시 미쳐 날뛰기 시작했다. 매 순간이 고통의 연속이었다.

귀에서 뇌 조직이 발견되었지만 다행히 악성 종양은 아니었으며 교수님은 이런 경우는 처음 본다고 했다. 이후 매년 추적 검사로 MRI 촬영을 했고 이제는 2년에 한 번씩 검사를 진행하고 있다. 다행히 아이는 건강하게 잘 자라고 있다.

난 어느 순간부터 내 삶에서 일어나는 일들에 대해 두려움과 불안을 느끼며 부정적으로 반응하기 시작했다. 어떤 일이 생기지 않을까 전전긍긍하며 꼬리에 꼬리를 무는 생각으로 나를 힘들게 했다.

출근해서 웃으며 일은 하지만 내 머릿속은 항상 복잡했으며 끊임없이 실체 없는 불안과 두려움과 함께해야 했다. 남편과 첫애의 일들에서도 보통 사람 같으면 '그냥 있을 수 있는 일이야.'라고 생각할 수 있었을 것이다. 하지만 난 일어나지 않은 일들에 대해 두려움을 가지며 나를 힘들게 했다.

그렇게 나는 삶에서 가장 힘든 순간을 마주하는 이들과 만나고 있었다. 삶에서 가장 힘든 시간을 겪고 있는 나와 마주하고 있었다.

0
2

화쟁이 엄마, 짜증쟁이 아내

"엄마, 엄마, 이리 와봐, 와서 내 춤 봐봐."

딸아이는 코믹춤을 추고 있었다. 개그우먼 장도연이 추는 춤을 연신 따라 하면서 깔깔깔…. 그러나 나의 표정을 살피며 "엄마, 안 웃어? 웃기지? 좀 웃어봐. 눈은 이렇게, 입은 이렇게 올리고…." 내 얼굴에 자신의 손으로 웃는 얼굴을 만들어준다.

우울증과 불안증으로 인하여 어느 순간 내 삶에서 감정을 잃어버린 채 아이들을 대하고 있었다. 출근 후 하루 종일 업무에 시달리다 퇴근 후 둘째를 어린이집에서 데리고 집으로 온다. 그러면 또 다른 사업장에 출근한 것처럼 저녁을 하고 아이를 돌본다. 이 일들이 나에게는 너무도 버겁고 힘든 일이었다.

모든 워킹맘들이 다 하는 일이다. 하지만 난 왜 이렇게 힘이 들까? 사회복지사의 직업도 감정노동자 중의 하나로 출근하고 대상자들과 상담하고 지원하는 업무는 감정에 많은 영향을 미친다. 그래서 퇴근 후 에너지는 제로에 가까웠다.

문제는 나의 우울증으로 감정들이 증폭되어 오롯이 가족에게 그 감정들이 쏟아졌다. 웃음을 잃고 화를 내는 일이 많아지면서 남편에게는 짜증 섞인 말투와 냉소적인 반응을 보이며 스스로 만든 감옥에 나를 집어넣었다.

직장 동료들과 친구들은 직장을 다니면서 집안일도 아이들도 잘 키우는 것 같은데 난 왜 매일 허덕이며 삶이 왜 이렇게 힘들게 느껴질까?

겉으로 볼 땐 그냥 평범한 가족이다. 많은 소득은 아니지만 맞벌이에 아이들과 함께 살아가는 지극히 평범한 가정. 하지만 내적 불안이 높은 사람들은 작은 스트레스에도 매우 예민하고 걱정이 많다.

항상 현재가 아닌 미래에 살고 있다. 모든 것이 걱정으로 다가오고 불안으로 다가오기 때문에 머릿속이 단 1분이라도 편한 날이 없다. 끊임없이 꼬리에 꼬리를 무는 생각들에 에너지를 쓰다 보니 정작 내 삶에서 힘을 내야 할 때 힘을 내지 못하고 있었다.

일과 가정 중에서 다행히 대학 졸업하기 전부터 일을 해왔고 햇수로 20년이 지난 지금까지 단 한 번도 일을 쉬어본 적이 없었다. 출산 하루 전까지 일해왔던 나였기에 직장에서는 큰 문제없이 일을 할 수 있었다.

하지만 삶의 한 축이 무너지고 있었다. 사무실에서 일을 하면서 느낀 감정들을 해소하지 못하고 내 안에 차곡차곡 모아두었다. 한 순간 폭발하듯, 나의 가장 소중한 사람들에게 그 피해가 고스란히 전해졌다.

얼마나 성숙하지 못한 처세인가? 인간을 위한 학문을 공부했으며 지금 현재 업무 또한 사람을 위한 일을 하면서 정작 나 자신 하나 컨트롤하지 못하고 있으니 그로 인한 자괴감은 덤으로 그야말로 나의 감정 상태는 끝이 보이지 않는 깜깜한 터널과 같았다. 이때 내 나이 마흔을 앞두고 있던 때였다. 아홉수라 그랬던 걸까? 서른 아홉, 심리적으로 참 지랄 맞고 요란하게 나의 30대를 보내야 했다.

분명 결혼 10년 차, 어린아이들을 키우며 직장생활을 하는 것이 쉽진 않지만 이렇게 불안정한 삶을 살아간다는 것이 이해되지 않을 것이다. 우리 남편이 나에게 "남들 다 하는 것을 너만 그렇게 호들갑스럽게 그러냐?"고 했던 것처럼….

나이 마흔 즈음, 사십춘기가 온 것일까? 그간 치열하게 열심히 일만 하며 살았다. 결혼 생활 십여 년 동안 남편과의 갈등, 늦은 나이의 출산, 워킹맘으로 독박 육아, 직장에서의 고용 문제 등 지금 사회에서 여성으로, 노동자로 살아가면서 경험할 일을 모두 경험하면서 축적되었던 부정적 감정들이 분출한 것이다.

지난 삶이 완전히 부정당하는 기분, 결혼 생활에 대한 스스로 규정지어놓은 삶에 부합되지 않는다고 불만이 가득하였고 열심히 일은 했지만 모아놓은 재산도 없었다.

한마디로 내가 싫은 거였다. 나는 온몸으로 나를 부정하고 있었다. 좋아하는 취미 하나 없고, 여행을 가본 적도 손에 꼽을 정도로 매일 똑같이 반복되는 삶이었다. 고향이 아닌 곳에서 만나는 이들은 매우 한정되어 있었고, 마음 나눌 친구들도 모두 타 지역에 있어 더욱더 혼자 고립된 생활을 하고 있었다.

스트레스를 풀 방법도 삶의 즐거움도 없었다. 매우 이성적인 남편은 이런 나의 마음을 이해하지 못해서 더욱 힘들었다.

사례관리를 하면서 삶의 위기가 있을 때 우울증을 동반하는 경우를 종종 보게 된다. 아무리 노력해도 변하지 않는 환경으로 삶이 지치고 힘들어지면서 우울감을 호소한다.

그때 책장에 꽂혀 있는 『선생님, 저 우울증인가요?』 책이 눈에 띄었다.

"스트레스가 스트레스에 민감한 체질을 낳는다. 스트레스를 받음으로써 스트레스에 과민한 체질이 되는 것을 스트레스 감작(Stress Sensitization)이라고 한다. ⋯ 건강한 성인도 끊임없이 과도한 스트레스에 노출되면 스트레스 감작이 일어날 수 있다. 그러면 예전에는 고통스럽지 않고 참을 만했던 일도 견디기 힘들 정도로 고통스럽게 느껴지고 급격하게 기력이 소진된다."

– 오카다 다카시, 『선생님, 저 우울증인가요?』

여러 요인이 있겠지만 중요한 건 지금 내 상태가 전형적인 우울 증상을 보인다는 것이다.

이건 내 의지와 상관없이 뇌에서 일어나고 있는 문제이기도 하다.

반복적인 스트레스로 인하여 뇌의 신경전달물질이 적절하게 작용하지 못하기 때문에 의료적 개입이 필요하다.

아이들에게 나는 화쟁이 엄마가 되었고, 남편에게는 짜증쟁이 아내가 되었다.

아무리 의지를 가지고 고쳐보려 했지만 내 맘 같지 않았다. 심리적으로 어려움을 호소하는 대상자에게 정신건강의학과에서 정확한 진단을 받고 적절한 상담 지원 등을 계획했던 나로서는 나를 사례관리하게 되었다.

0
3

내 안에 똘똘 뭉친 감정 덩어리

"심리 검사 결과 우울과 불안이 매우 높게 나왔어요. 지금 아이들도 어리고 많이 지친 상태예요. 당분간 약을 복용하는 것이 좋을 것 같아요."

그렇게 나도 우울증 진단을 받고 약을 먹게 되었다. 약물 반응이 나타나려면 2주 정도가 지나야 한다고 하는데, 어쩌다 약을 먹는 지경에 이르렀는지 생각하다 보면 나를 더욱 비난하게 되었고, 그 좌절감은 내가 나를 삶의 실패자처럼 생각하게 만들었다.

삶을 살아가는 것이 아니라 살아내고 있었다. 그래도 엄마라고 아이들

밥은 굶기지 않으려고 노력했지만, 정말 상황이 좋지 않을 땐 일어나는 것조차 힘이 들었다.

예전에 사례관리 대상자 중 한부모 가정의 어머니가 있었다. 우울증이 너무 심해서 집을 청소하거나 아이 밥을 챙겨주지 못하여 아이들의 위생 문제와 잦은 결석으로 학교에서 의뢰된 케이스였다.

그땐 그 상황이 우울증으로 인한 증상이라고 머리로만 이해했다면, 지금 난 온몸으로 느끼고 있었다. '내 마음 같지 않구나.' 이렇게 힘들게 하루하루를 버텨내고 있었다는 것을 느끼면서 한편으로 내가 얼마나 오만했었는지 깨달았다. 삶을 포기하지 않고 아이들과 함께 버텨내고 있는 것만으로 대단한 것이었다.

이 시기 나는 내 안에 있는 모든 부정적인 감정들을 마주하고 있었다. 삶이 우울하고 불안할 땐 제일 먼저 심리적으로 위축된다. 내 자신이 그렇게 초라할 수 없고 어떤 비련의 여주인공처럼 세상에서 가장 불행한 사람으로 여기게 된다.

또한 열등감으로 똘똘 뭉쳐 있었다. 현재 내 삶이 만족스럽지 못하니 이러한 감정은 더 힘을 얻어 작은 자극에도 곧장 반응하였다.

끊임없이 타인과 비교하면서 누구는 대학교수로 자신의 삶을 멋지게 살아가고 있는데 '난 지금까지 뭘 이뤄냈을까?', 주변에서 주식으로 돈을 벌어서 더 넓은 집으로 이사를 갔고 부동산 투자로 재산이 몇 배나 오른 사람들의 얘기를 들을 때마다, '난 뭐야? 왜 이렇게 살고 있는 거지?' 상대적으로 벼락거지가 된 것 같아 분노의 마음이 올라오기도 했다. 내 고통을 감수하고자 나는 이 모든 것을 '남편 때문에, 흙수저니까.' 하며 환경 탓으로 돌려버렸다.

아이러니, 즉 모순이었다. 삶의 한가운데 위기를 맞은 사람들을 만나고 지원하는 일을 하면서 정작 나는 더 좋은 집에서 살고 싶어 하고, 더 높은 곳을 바라보면서 내 삶을 부정하고 자학하고 있었다. 현재 가진 것에 감사하기보다는 없는 것에 더욱 초점을 맞추고 괴로움을 자처하고 있었다.

설상가상으로 이때 사례관리 대상자 중에 남편의 외도로 평생을 힘들게 살고 있는 중년의 여성을 만나게 되었다. 극심한 우울증으로 하루 종일 집 안에만 있었다. "가장 원하는 것이 무엇인가요?"라는 질문에 그분은 "사람답게 살고 싶어요."라고 말했다. 사람답게 살고 싶다…. 그래, 나도 사람답게 살고 싶었다.

그리고 또 다른 대상자는 아내의 외도로 힘들어하였다. 분노감과 배신감, 무력감 등 배우자의 외도는 정신적 살인이라는 말이 있듯이 트라우마를 극복하기란 쉽지 않았다. 그렇게 외도에 대한 트라우마를 극복하는 자료를 찾다가 우연히 인터넷에서 배우자 외도에 따른 법률을 지원하는 카페를 알게 되었다.

드라마에서 볼 수 있는 일들이 현실에선 더한 모습으로 이루어지고 있었다. 그 속엔 온갖 슬픔과 원망, 무력감 등의 여러 감정이 뒤섞여 있었다. 내가 만난 대상자들이 이러한 감정의 경험들을 하고 현재를 살아가고 있었다.

결혼한 사람으로 딸을 키우는 엄마로서 이 감정들이 역전이 되면서 더 큰 분노감을 느꼈고, 사례관리 대상자들이 느끼는 외상 후 스트레스가 얼마나 삶을 힘들게 하는 것인지 마음으로 느낄 수 있었다.

이러한 부정적 감정은 지속적으로 부정적 감정을 끌어왔다. 이는 곧 신체적 반응과 함께 에너지 고갈 상태가 되어 집에 오면 그냥 파김치가 되었고 집안일을 할 수 없었다.

과도한 스트레스로 코르티솔이 분비가 되어 생존을 위해 몸은 그 상황에서 벗어나고자 에너지가 집중되어 초긴장 상태가 된다. 항상 난 긴장 상태로 생존을 위해 살아가고 있던 것이다.

지난 10년 동안 결혼을 하고 출산을 통해 엄마가 되었고 처음 경험하는 것들에 대한 적응이 필요하였다. 그러면서 사례관리사로서 내가 경험해보지 못했던 삶의 무게들이 때론 나에게 큰 부담이 되었다.

실체 없는 불안감과 아이들을 잘 돌보지 못한다는 생각으로 죄책감에 시달렸다. 남편과의 갈등은 원망과 미움으로, 내 의지로 바꿀 수 없는 상황에선 무력감으로 끊임없이 이런 감정을 재생산하고 있었다.

그렇게 지난 삶을 살아오면서 억울함, 분노, 열등감, 죄책감, 불안, 미움, 좌절, 원망, 무력감, 외로움, 배신감 등 직간접적으로 경험했던 그 모든 부정적 감정이 하나의 공처럼 똘똘 뭉쳐 내 가슴에 박혀버렸다.

더 이상 이대로는 안 되겠다는 강한 마음이 들었다. 아이들을 위해서라도 이런 생활을 반복하면 아이들의 삶까지 내가 망치는 꼴이 될 것 같았다.

그리고 내 삶을 되돌아보기 시작했다. 왜 내가 현재 이렇게 우울증으로 힘들어하고 내가 진정 원하는 삶을 살지 못하는 것인가?

앞으로 나의 40대는 지난 30대처럼 살고 싶지 않다는 강한 욕구가 솟구쳤다. 무엇을 먼저 해야 할까? 진정한 나부터 알아보자고 다짐하고 그때부터 미라클 모닝을 시작하게 되었다. 새벽 5시에 기상을 하고 책을 보며 글을 쓰기 시작한 것이다. 이때 우연히도 조 디스펜자의『당신도 초자연적이 될 수 있다』라는 책을 보게 되었다.

이 책은 명상을 통해 삶을 변화시키는 것을 양자학에 입각하여 뇌과학적으로 보여준다. 이 책을 읽으면서 나의 상황을 이렇게 과학적으로 표현할 수 있는 것에 놀라웠고, 과거의 삶이 새롭게 창조될 수 있다는 것에 감사하기까지 했다.

"감정은 과거 경험의 화학적 결과물(피드백)이다. 우리 감각기관들이 주변으로부터 정보를 받아들이면 한 무리의 뉴런들이 네트워크를 형성한다. 이 뉴런 집단이 특정 패턴으로 고정되면 뇌는 관련 화학물질을 만들어 몸 전체로 보낸다. 이 화학물질이 감정이다."

— 조 디스펜자,『당신도 초자연적이 될 수 있다』

나는 지난 경험들로 만들어낸 감정이라는 화학물질에 중독되어 일상 생활 속에서 매 순간 이 감정들을 재창조하고 있었던 것이다. 이것은 매일 반복되는 일상 속에서 그 익숙한 감정을 느끼기 위해 환경을 이용하고 있는 셈이었다.

"거듭되는 일상은 습관이 된다. 작은 반복으로 습득한 자동적이고 무의식적인 생각, 행동, 감정의 잉여 집합이 바로 습관이다."

– 조 디스펜자, 『당신도 초자연적이 될 수 있다』

책에서는 습관에 대해서 이렇게 이야기한다. 몸에 습관이 배면 몸은 이제 자동장치처럼 작동한다. 시간이 지나면 그 행동들은 생각이 되고, 그 생각들은 이제 무의식에 영역까지 들어온다. 습관대로 행동하고, 생각하고, 선택하고, 느낀다.

이렇게 몸은 예전부터 반복된 일들로 우리를 미래로 끌고 간다는 것이다. 그동안 우리 뇌 속의 신경 네트워크들은 계속해서 견고해지며 그럴수록 우리는 '과거 속에서' 살아간다. 즉, 이 책은 과거가 미래를 만든다고 이야기 하는 것이다.

'이것이었구나!' 내가 그토록 변화하고자 애를 써도 제자리였던 이유가 이 글을 읽으면서 현재 왜 내가 매일 똑같은 감정에 시달리고 있으며 조금도 변화되지 않는 삶을 살고 있는지 너무도 분명하게 알게 되었다.

내 안에 똘똘 뭉친 감정 덩어리는 내 몸이 되었고 매일매일 습관적으로 일어나는 모든 상황에 무의식적으로 작용하고 있는 것이다.

0
4

왜 거울명상인가

내 삶의 변화를 위해 제일 먼저 한 것은 앞서 얘기한 것처럼 미라클 모닝이었다. 새벽 5시 기상하여 책을 읽고 글을 쓰는 시간이 이렇게 행복할 수 있을까? 직장, 집, 가사, 육아 등의 무한 반복의 똑같은 일상 속에서 내 시간은 아침에 일어나 세수하면서 거울 보는 그 잠깐의 여유뿐, 온전히 나의 시간을 가져본 적이 없었다. 더군다나 첫아이 출산 이후엔 생각조차 하지 못했던 시간이었다. 온전히 나에게 집중하는 이 새벽 시간은 지금까지 경험해보지 못한 세상이었다.

그렇게 미라클 모닝은 나에게 거울명상을 선물하였다. 유튜브의 알고

리즘을 통해 예전에 구독해두었던 유튜브 〈김상운의 왓칭〉을 보게 된 것이다. '거울명상'이라는 처음 듣는 명상법이었다.

십몇 년 전 위빠사나 명상에 심취해 있던 기억이 난다. 사회적 기업에서 장애아동들을 치료하고 상담일을 하면서 대표의 불투명한 운영에 대한 문제 제기를 하였고, 그 결과 정규직에서 비정규직으로 그리고 퇴사를 하게 되었다. 그 과정은 매우 힘든 시간들이었다. 불의를 보면 참지 못하고 달려드는 내 모습을 보면서 조금 더 세련되고 현명하게 대처하지 못한 아쉬움과 나에 대한 불만은 법륜스님이 운영하는 수련원으로 이끌었다. 그곳에서 4박 5일 동안 묵언 수행과 명상을 하였다.

호흡을 통하여 지금 이 순간 깨어 있어라…. 하지만 너무 힘든 시기엔 가만히 앉아 명상하는 것조차 버거웠다. 번뇌는 또 다른 번뇌를 일으켰고, 아무리 지켜보려고 해도 그것에 집착하는 나를 발견하고선 잠시 명상을 접어두었던 것이다.

김상운의 『거울명상』에서 말한다.

"내 몸도, 현실 전체도, 내 생각이 꾸며내는 내 마음속의 홀로그램이라는 사실을 깨닫게 되면 나는 몸과 나를 더 이상 동일시하지 않게 된다. 그럼 몸에 가둬놓았던 모든 부정적 감정들은 자연히 떨어져 나간다. 모든 고통에서 쉽게 벗어나게 되는 것이다."

— 김상운, 『거울명상』

이것이 무슨 말인가? 머리로 이해되었지만 진정 마음으로는 느껴지지 않았다. 분명 난 현실에서 살아가고 있고, 보고, 듣고, 이 고통 또한 너무도 뚜렷이 느껴지는데 이 모든 것이 내가 만들어낸 허상이라고? 명상을 통하여 이미 모든 것은 이 순간만이 존재한다는 것을 알고 있었지만 마음으로 몸으로 체득하진 못했던 것이다.

유튜브 〈김상운의 왓칭〉에서 여러 사례들을 통해 그동안 억눌린 감정들을 인정하고 무의식을 정화하면 현실을 창조한다는 것을 볼 수 있다. 감정은 에너지의 파동이고 빛이라는 것을 양자학의 이론에 입각하여 설명하는 조 디스펜자와 일맥상통한다.

겨울명상에서는 텅 빈 근원의 마음, 즉 순수의식으로 억압된 감정들을 바라보고 흘려보내라고 한다. 텅 빈 근원의 마음은 우리가 알고 있는 근원의 빛, 신, 하나님, 하느님, 참나, 부처님, 관찰자로의 이름으로 표현되어지는 것으로 앎이라 한다. 이미 깨달은 존재, 순수의식으로 우주 공간 속에서 지켜본다.

새벽 5시, 거실에서 혼자 거울을 바라본다. 내 앞의 공간과 혼자서는 볼 수 없는 내 뒤의 공간 전체를 거울을 통해 가만히 지켜본다.

처음 거울명상을 하던 그날, 의식적으로 억압된 감정을 느껴보려 했지만 어떠한 감정도 느껴지지 않았다. 원래부터 감정을 억압하고 살아왔던 터라 어떤 감정도 떠오르지 않았다. 텅 빈 근원의 마음으로 거울에 비친 내 모습을 볼 뿐이었다. 그렇게 일주일 정도 지났을 때 잠이 쏟아졌다. 이 자리에서 벗어나고 싶고, 눕고 싶고, 도망치고 싶은 나를 보았다. 1분이 한 시간 같은…. 그렇게 열흘쯤 지났을 때 '거울명상을 그만둬야 하나.'라는 생각이 올라오는 순간 갑자기 파란색 빛이 번쩍하고 사라졌다.

혹시 명상을 하다 잠결에 잘못 본 것이 아닐까 했지만, 그 빛은 너무도 선명했다. 그 순간 이것이 감정의 에너지고 빛의 파동이라는 것을 직감했다.

〈김상운의 왓칭〉유튜브를 보면 거울명상 도중 보랏빛, 노란빛, 연둣빛 등 수많은 색의 빛들이 머리 위나 몸을 감싸는 것을 보았다고 한다.

"내 몸을 포함해 만물이 근원의 빛으로 만들어져 있다."

– 김상운, 『거울명상』

이것이 내가 거울명상을 선택한 이유이다. 모든 종교적 관념을 넘어서 관찰자로서 거울을 통해 나의 내면에 집중할 때 에너지의 파동이 일어나고 있다는 것을 내 눈으로 확인할 수 있다니, 조 디스펜자가 뇌 촬영 등으로 확인했던 것을 내 육안으로 바라본 것이다. 우리가 직접 볼 수는 없었지만 당연히 일어나고 있는 것들을 거울명상을 통해 스스로 확인할 수 있다는 것이다.

나의 억압된 감정들 중 제일 먼저 드러난 것이 '회피하는 마음'이었다. 새로운 일을 도전하거나 어떤 책임감 있는 일을 할 때 머뭇거리고 힘들어하는 나를 발견하곤 한다. 그리고 무의식중으로 하고 싶지 않다는 저항감이 올라오면서 그냥 포기하거나 도망가고 싶어 했다. 생각이 많아지면서 해야 하는 것을 하지 않는 지연 반응이 나타났고, 다른 사람이나 환경을 통해 그 회피하는 마음을 확인하려 했다. 이 모든 것이 나의 무의식적으로 일어나는 일이다.

거울을 지켜보면서 '내가 도망치려 하고 있구나, 회피하려 하네.' 그러면서 두려운 마음과 마주하게 된다. 그렇게 억압된 감정이 올라오기 시작하면서 엉켜 있는 실타래가 풀리듯, 연이어 그 감정에서 다음 감정으로 이어져갔다.

왜 제일 먼저 도망가려고 하는 마음, 회피하고자 하는 마음이 올라왔을까? 그 순간 그 예전 수능 전날의 모습이 떠올랐다. 다음 날이 수능 날인데도 불구하고 매우 불안하고 두려운 마음은 엄마와 말다툼으로 이어지고 속상한 마음에 몇 시간을 울었다. 일생일대의 큰일을 앞두고 컨디션 조절을 해야 할 때 그렇게 울고 있으니 당연히 시험을 잘 칠 수 있으리가….

거울명상도 마찬가지이다. 내가 무엇인가 결심하고 바꾸려 할 때 내 무의식에서 저항이 일어나면서 제일 먼저 회피의 마음이 일어났다. 텅빈 근원의 마음으로 그 감정을 지켜보고 그동안 나의 억압된 '회피'의 감정을 흘려보내면서 새로운 변화들이 일어났다.

우울증은 무력감을 동반하고 실행력이 떨어진다. 생각과 몸이 따로 놀면서 해야 하는 일들을 무의식적으로 미루는 행동이 일어난다. 나 역시 매일 해야 하는 일상의 가사인 청소하고, 밥하고, 빨래 개는 일 등을 제대로 하지 못하고 있었다. 특히 주말 오전엔 일어나는 것조차 힘이 들었다.

하지만 거울명상 이후 첫 번째 변화는 몸을 움직이고 있다는 것이다. 빨래를 하고 청소를 하고 음식을 조리하고, 미루는 행동들이 눈에 띄게 줄어들었다. 그리고 어떤 마음의 저항 없이 매일 새벽 거울 앞에 앉아 있는 나를 보게 되었다.

0
5

모든 것이 내 마음이라고?

남편과 사소한 일로 말다툼이 있었다. 때론 그냥 넘어갈 때도 있지만 이번처럼 마음이 우울하고 속상하고 힘이 들 때가 있다. 그런 날은 뭘 해도 계속 생각난다. 설거지를 하면서도 청소를 하면서도 내 마음속에는 지난 일들을 모두 소환하여 나쁜 놈이라고 비난한다. 이렇게도 분이 풀리지 않을 땐 어딘가에 전화를 해서 하소연을 한다. 화는 화를 부르고 분노는 분노를 부른다. 그것에 에너지를 집중하다 보니 감정들은 더욱 증폭되어 급기야 '이렇게 살아야 해'라는 마음에까지 이른다.

지금까지는 이런 패턴으로 살아왔다. 속상한 일들을 생각하며 더욱 분노하고, 혼자 해결이 안 되면 또 다른 이에게 그 속상함을 털어내고, 하지만 남는 건 허무함이다.

거울명상 이후 바깥에 집중되어 있던 에너지를 내 안으로 가져온다. 지금 현재 내가 느끼고 있는 이 감정들을 살펴본다. 남편과의 싸움이 나는 왜 이렇게 화가 나고 몹시 힘들까….

끊임없이 마음에서 들리는 소리들이 있다. 남편에 대한 원망과 미움, 그 마음은 누구인가? 이 감정들은 무엇인가? 거울을 들여다보면서 이 감정들의 인격체들을 있는 그대로 바라본다. 그 바라보는 것은 누구인가? 남편의 말은 그냥 말일 뿐이다. 그 말을 남편이 아닌 다른 사람이 했다면 내가 그만큼 화가 났을까? 그 말이 기분 나쁘다고 느끼는 건 누구인가?

나는 텅 빈 근원의 마음으로, 순수의식으로 나의 감정을 바라보고 있다. 기분 나쁘다고 느끼는 건 지금까지 경험을 통해 형성된 화학물질인 감정들이다. '이것이 감정인격체구나.' 남편이 문제가 아니라 내가 그 말을 느끼는 감정인 것이다. 지금까지 경험을 통해 형성되었던 감정들이…. 그 억압된 감정들이 그 말들을 통해 올라온 것이다.

그 순간 그토록 밉고 화가 났던 내 마음들은 평온을 찾기 시작했다. 상대가 아니고, 외부 환경이 아닌 나의 마음이었다. 남편에 대한 원망과 미움은 사실 사랑과 인정이었다.

거울을 보면서 '여전히 인정받고 싶고 사랑받고 싶었구나…' 텅 빈 근원의 마음으로, 순수의식으로 그 마음을 인정하고 지켜보았더니 마음 깊은 곳에서 따뜻함이 느껴진다. 그리고 '꼭 다른 사람에게 잘 보일 필요 없어.', '그렇게 애쓰지 않아도 넌 사랑이야.'라는 말이 들려왔다.

이 모든 현실은 내가 느끼는 마음대로, 무의식으로 상영되는 영화라는 것을 알 수 있다. 내가 느끼는 대로 세상은 보인다. 그 상황에선 보이지 않던 것들이 한 발짝 물러서서 보면, 극장에서 영화를 보는 것처럼 내 삶을 본다면 더욱 뚜렷하게 느껴진다.

한동안 좁은 집에서 넓은 집으로 갈아타고자 부동산에 빠져 있었다. 사실 지금 살고 있는 집을 선택한 이유는 맞벌이를 해야 하는 상황에서 아이들이 안전하게 학교를 다니고 퇴근 시간 전까지 걸어서 학원을 갈 수 있는 곳을 고르다 보니 학군지에 위치를 잡은 것이다.

하지만 코로나로 집에서 생활하는 시간이 많아지면서 '삶의 질을 높이는 것이 좋지 않을까?' 하는 마음으로 연신 부동산을 알아보았다.

하지만 부동산 정책으로 몇 달 사이 집값이 갑자기 뛰기 시작했고, 언제든지 외곽 정도는 큰 평수로 갈 수 있었던 것도 갭이 생기게 되면서 힘들어졌다. 불안한 마음이 올라왔다.

불과 한 달 전에 알아봤던 아파트가 그 사이 2억이 올랐다. 지금 옮겨야 하는 것인가 불안한 마음은 더욱 그것에 집착하게 되고, 그냥 좁았던 집이 살기 싫은 집으로 변하고 있었다. 매일 부동산 시세를 확인하면서 고민하였지만 내 머리론 답이 보이지 않았다.

그 당시 그렇게 부동산에 빠져 있을 때, 그 속에 휩쓸려 더 큰 집으로 이사 가야 한다는 집착에 빠져 있었다. 그 마음을 살펴보면 매 순간 내 마음들이 어떻게 작용하는지 알 수 있다. 내가 가진 환경을 원망하고, 남편을 미워하기도 했다가, 내 능력의 부족함에 좌절하고, 잘살고 싶은 욕심 등 여러 가지 마음이 올라오는 것을 알 수 있다.

그렇게 매일 부동산 앱을 보면서 삶이 힘들다고 한탄하고 있던 것이다.

될 일은 된다. 내 머리로 아무리 굴려봐야 되지 않는다면 그냥 삶에 맡기겠다고 인연에 따라 필요할 때 얻게 될 것이라 생각하면서 당장 이사를 가야겠다는 마음을 놓았다. 그랬더니 집이 좁아서 도저히 못 살겠다고 불평불만이던 마음이 어느 순간 바뀌어 있었다. '이 정도면 그런 대로 살 만해…. 아늑하고 좋은데.'라는 생각을 한다. 집은 똑같은 집이다. 내 마음에 따라 불편했다가 좋았다가 내 마음이 널을 뛰는 것이다.

우리가 잘 알고 있는 원효대사의 일체유심조가 있다. 바닷길을 통해 당나라로 유학을 떠나려던 중 비바람이 몰아치자 한 동굴에 머물게 된다. 새벽에 목이 말라 물을 찾던 그는 그릇에 담긴 물을 발견한 뒤 달게 마시고 잠이 들었다. 다음 날 아침 원효대사는 자신이 잠이 든 곳이 오래된 무덤이고 마신 물은 해골에 고인 물이라는 것을 알게 된다. 그때 일체유심조를 깨닫게 된다.

이렇게 모든 것은 마음속에서 일어나는 허상일 뿐이다. 그 실체는 내 마음이 만들어낸 것이다. 좋고 나쁜 것에 집착하는 것이 아니라 마음이 만들어낸 환상인 것이다. 이것을 보고 우리는 괴롭다, 고통스럽다고 느끼는 것이다. 그렇다고 그 마음을 합리화하거나 허상이라고 자의적으로 해석하라는 것은 아니다. 다만 있는 것을 그대로 받아들이는 마음인 것이다.

그래서 명상을 통해 지켜보는 훈련을 한다. 그 속에 휩쓸려 내 몸과 마음을 동일시하여 고통을 느끼는 것이 아니라 한 발짝 물러서 영화를 보듯 그 고통이 내가 아님을 안다. 머리로는 이해되지만 가슴으로 받아들이는 건 쉽지 않다. 상황 속에 놓여 있을 땐 이 마음을 알아차리는 것이 더욱 쉽지 않다.

매 순간 깨어 있으라. 내 마음에서 일어나고 있는 것들이 무엇을 보여주는지, 나의 어떤 마음으로 일어나는 것인지….

거울명상 이후 나는 감정 너머의 다른 마음들을 느낀다. 남편을 미워하는 마음에는 사랑받고 싶은 마음이, 열등한 마음은 인정받고 싶은 마음 등, 김상운의 『거울명상』에서도 모든 감정은 짝이 있다고 한다. 실제로 합치면 제로이며 실제로 존재하지 않는다고 한다. 사랑은 미움을, 기쁨은 슬픔을, 행복은 불행을 빌려서 생긴다는 것이다.

"모든 감정을 다 받아들이면 마음은 텅 비어버린다. 좋은 것과 나쁜 것을 구분 짓지 않고 있는 그대로를 받아들인다. … 이 감정들에 의미를 두지 않고 한 발짝 물러서서 텅 빈 근원의 마음으로 있는 그대로 지켜본다."

– 김상운, 『거울명상』

　이것이 내가 거울명상을 하면서 내 마음을 느끼고 내 감정들을 바라보게 되는 방식이 되었다.

　하루아침에 이루어지지 않는다. 내가 만들어온 습성이 쉽게 바뀌지 않기 때문에 매일매일 꾸준히 거울명상을 하는 것이다. 내가 지난 삶을 살아오면서 만들어온 방식을 뇌는 기억하고 있고 무의식적으로, 자동 반사적으로 인지한다. 그 길을 바꾸는 것이기에 결코 쉽지 않음을 안다. 하지만 더 이상 내 마음이 만들어낸 허상에 속지 않기 위해서 오늘도 거울과 마주한다.

0
6

내 스스로 나를 치유하다

사람들은 온전히 자신을 돌아보는 시간이 하루에 어느 정도 될까?

수면 장애로 새벽 두세 시면 어김없이 눈이 떠진다. 새벽 기상과 거울 명상을 시작하기 전에는 삶에 대한 의욕도 없고 하고 싶은 것도 없었기에 그 시간에 할 일 없이 핸드폰을 보면서 시간을 죽이고 있었다. 아니면 그 새벽에 아이들을 재운다고 보지 못했던 드라마를 돌려 보곤 했다.

그땐 내 의지를 담아서 무엇을 한다는 것은 생각지도 못할 때였다. 그렇게 의미 없는 시간들을 보내면서 정작 나를 되돌아보고 나를 위한 시간은 없었다.

새벽 기상과 거울명상은 그 이전의 삶과는 180도 다른 삶으로 나를 이끌었다. 온전히 나와 마주하는 삶은 나를 더욱 또렷이 알 수 있게 하였고, 나의 상처를 바라볼 수 있는 용기를 주었다.

'회피'하는 마음을 정화한 이후 그때처럼 거울명상 도중에 그만두고 싶거나 포기하고 싶은 마음은 들지 않았다. 가슴 저 깊은 곳에 꽁꽁 숨겨두었던 감정들이 하나둘씩 수면 위로 오르면서 거울을 보며 숨죽여 울기도 하고 저 깊은 곳에 올라오는 연민은 스스로 나를 토닥여주기도 하였다.

항상 감정을 억압하고 숨겨왔던 터라 스스로도 내 감정을 잘 인지하지 못했다.

나는 1남 1녀의 장녀로 태어났다. 어렸을 때부터 감정을 잘 드러내지 않았다. 친정어머니 말에 의하면 4살 때 손바닥에 상처가 났는데도 그것을 꼭 감추고 절대로 보여주지 않으려고 했단다. 내가 기억나는 것은 초등학교 저학년 때이다. 친구와 싸우고 나서 울면서 집에 왔지만 문 앞에서 눈물을 닦고 웃으며 집으로 들어가던 것이 기억난다. 장녀로서 책임감을 느끼면서 부정적 감정은 나 스스로 약하고 부끄러운 것이라 여겼다. 좋고 나쁨의 기준으로 감정도 부정적 감정과 긍정적 감정으로 나누어 부정적 감정은 나쁜 것이고 긍정적 감정은 좋은 것이라 여기며 지금까지 살아온 것이다.

내 삶은 불안과 함께 살아온 인생이다. 불안이 높다 보니 뭐든 통제하려 든다. 내가 만든 통제 속에 대상들이 놓여 있어야 안심이 된다.

이것은 남편과 아이들에게 영향을 미친다. 놀이터에서 둘째가 높은 미끄럼틀 위에 올라가면 떨어질 것 같은 불안감에 아이에게 얼른 내려오라고 한다. 항상 아이들은 제지를 당하고 억압되는 것을 느낀다. 남편 또한 마찬가지로 나에게 항상 "네가 원하는 대로 다 하잖아."라고 이야기한다. 불안이 높아서 나타나는 사고 체계이다. 그래서 환경을 통제하려는 마음이 크다 보니 그렇게 되지 않을 경우 화가 나거나 짜증이 올라오는 것이다.

거울명상을 하면서 나의 불안을 지켜본다. 너무 큰 덩어리고 나의 핵심 감정이다 보니 정화하기가 쉽지 않다. 하지만 이젠 그런 불안한 마음과 강박적 마음이 올라오면 그 이면의 감정도 함께 느낀다.

높은 곳에서 떨어질 것에 대한 걱정은 아이가 안전하게 놀았으면 좋겠다는 마음으로 바뀐다.

오랫동안 형성된 사고 체계로 불안이 올라올 땐 자동적으로 드는 생각들이 있다. 너무도 순식간에 드는 생각이며 이런 불길한 생각으로 죄책감과 두려움이 밀려오기도 한다.

하지만 지금은 이러한 감정들은 지난 경험들의 화학적 산물일 뿐 실체가 없다는 것을 알기에 그냥 그런 마음이 올라올 땐 또 '이런 생각이 올라오는구나.'라고 바라본다. 그리고 그 이면의 마음과 함께 흘려보낸다. 이런 불안과 강박을 경험하지 못한 사람들은 이러한 사고 체계를 이용해보지 않았기 때문에 이해되지 않을 것이다.

어느 날 아침 아이를 어린이집에 데려다주고 가는 길에 지난 삶이 파노라마처럼 펼쳐졌다. 갑자기 서러운 마음과 원망, 미움, 좌절 등 복잡한 감정이 들었다. 차 안에서 거의 미친 사람처럼 꺼억꺼억 소리 내며 울었다. 거울명상을 하면서 조금씩 억압된 감정들을 느껴가던 중 이렇게 소용돌이치듯 거친 감정들이 한꺼번에 올라오는 것은 처음이었다.

심장이 아파오면서 마음 깊숙한 곳에서 올라오는 그것들은 엄청난 소리를 내면서 밖으로 터져나왔다. 우는 나가 있고, 그것을 지켜보는 또 다른 나, 그렇게 한참을 울었다.

살면서 때론 그렇게 목놓아 울어버리고 싶을 때가 있지 않은가. 거울명 상을 하면서 감정들이 의식적으로 올라오고 있었다. 지금까지 거울 앞에 서 잘 느껴지지 않았던 감정들이 실타래가 풀리듯 수면 위로 올라왔다.

그간 억눌린 감정들이 한꺼번에 터지면서 나 좀 봐달라고 아우성치는 듯했다. 그렇게 한동안 울면서 어디선가 나에게 속삭이듯 '그동안 많이 힘들었구나. 울고 싶은 만큼 울어.'라는 말이 들려왔다.

내가 그렇게 외면하고 있었구나. 내 감정들을 내 마음에 그냥 꾹꾹 눌 러 담으면서 씩씩한 척 아무 일도 없는 척하면서 살아왔구나. 그냥 그 마 음들을 온전히 느끼며 바라봤다. 남들을 의식하지 않고 온전히 내 마음 에 집중하면서….

어느 순간 눈물이 멈췄다. 집으로 돌아와 거울을 보면서 다시 마음을 읽어주었다.

이때의 눈물은 예전에 슬퍼서 울 때의 것과 달랐다. 그땐 슬픔에 더 큰 슬픔을 불러들이고 자기 연민과 피해의식으로 더욱 서럽게 울다가 그 감 정에 나를 잃어버렸다. 그 이후 그 불편한 감정은 계속 지속되어 내 생활에 계속 부정적 영향을 미쳤다. 하지만 이번엔 달랐다. 그렇게 울고 난후 기분은 매우 편안하였다.

어린아이가 울고불고 엄마한테 떼쓰다가 엄마가 자신의 마음을 공감하고 이해해준다는 것을 느낄 때처럼…. 텅 빈 근원의 마음, 순수의식이나를 포용하듯. 내 마음이 텅 비는 듯하였다. 마치 사우나를 한 것처럼개운함과 가벼움이 느껴졌다.

거울명상에서 억압된 감정을 정화하는 것은 언어로 표현하는 것보다더 큰 에너지를 가지고 있었다. 텅 빈 근원의 마음, 즉 순수의식으로 거울 속의 나를 지켜보며 올라오는 감정들의 인격체들을 인정하고 흘려보내면 그 감정에서 느껴지는 거친 호흡들이 어느 순간 잔잔한 호흡으로바뀌는 것을 느낄 수 있다.

그렇게 영원히 지속될 것 같은 감정들은 어느 순간 사라지고 없다. 감정도 흘러가는 에너지다. 더 이상 그 감정에 내가 끌려가지 않게 된다.

어둠의 터널에서 한 줄기의 빛을 보듯 난 거울명상을 통해 나를 돌아보게 되었다.

그리고 현재 처해 있는 모든 것이 내가 만들어낸 영화라는 것을, 나의 무의식, 잠재의식 속에 얼마나 많은 부정적 생각들을 저장하며 살아왔는지 알게 되었다. 그리고 내가 규정지어놓은 그 틀 안에서 무한 반복으로 현실을 재생산하고 있었던 것이다. 그런 상처받은 감정들, 부정적 생각들을 무한한 공간속으로 돌려보내고 내 안의 텅 빈 근원과 만나면서 진정한 사랑을 알게 된다. 모든 우주가 다 내 마음 안에 있는 것이다. 거울명상은 처음으로 나를 들여다보고 스스로 치유할 수 있는 힘을 주었다.

그 누구도 아니다. 의사도, 상담사도, 오로지 나 자신만이 나를 치유할 수 있다.

의사가 약을 처방하면 그것을 먹어야지 나을 수 있다. 그 약을 먹는 것은 누가 하는가? 내 의지로 가능한 것이다. 내가 약을 먹어야겠다고 마음을 먹어야지 먹는 것이다. 상담을 하러 가더라도 내가 마음을 내어 내 마음을 드러내야 한다. 그냥 아무 말도 하지 않으면 상담이 이루어지지 않는다. 그것은 누구의 의지인가? 모든 것은 나만이 할 수 있는 것이다. 오로지 나만이….

거울명상은 다른 외부의 어떤 것이 아닌 오롯이 내가 나를 치유해나가는 것이다. 그리고 거울을 통해 내 스스로 확인한다.

　나는 온전히 나에게 집중하면서 내 상처와 내 아픔들을 그렇게 치유해
가기 시작했다.

0
7

7년 후 비로소 나는 웃었다

나는 여느 때처럼 첫째와 둘째를 데리고 퇴근을 했다. 퇴근 후엔 손 하나 까딱하기 힘들어 매번 배달 음식을 시키곤 했지만 오늘은 오랜만에 집에서 저녁을 준비하였다. 고기도 굽고 이것저것 식사 준비에 여념이 없었다. 한참을 바삐 움직이는 사이 남편이 퇴근을 했다. 빨리 저녁을 차려야 하는 마음에 더욱 분주하게 움직였다.

그런 나를 본 남편이 한마디 한다. "그냥 대충 먹자." 그 말을 듣는 순간 나는 갑자기 화가 치미는 것을 느꼈다. 퇴근하자마자 엉덩이 한 번 안 붙이고 지금 열심히 저녁 차리고 있는 사람에게 대충 먹자고? 열심히 저녁을 준비하고 있는 아내를 보면 "수고한다.", "뭐 도와줄까?" 이런 말들을 하지 않는가…. '대충 먹자'라니…. 나의 수고가 물거품이 되는 것 같고 또 내가 쓸데없는 짓 한 것처럼 느껴졌다.

사실 남편은 계란과 김, 김치만 있음 세상에서 제일 맛있게 먹는 사람이다. 다행히 반찬 투정이나 가리는 것이 없기 때문에 찬거리 때문에 속상했던 적은 없다. 하지만 이 경우는 가족을 위해 열심히 저녁 준비를 하는 나의 마음이 무시당한 것 같아 썩 기분이 좋지 않았다.

새벽에 거울명상을 하면서 어제 저녁에 있었던 그 감정을 느껴보았다. "그냥 대충 먹자."라는 그 말에 왜 그렇게 화가 나고 속상했을까? 그 마음을 들여다보니 열등감과 인정받고 싶은 마음이 있었다. 그리고 남편의 마음이 느껴졌다. 그 말은 내가 힘들게 저녁 준비를 하는 것이 안쓰러워 나를 도와준다고 하는 말이었다.

바로 이것이었구나! 남편은 남편의 방식으로 나를 배려하고 사랑하고 있었음에도 불구하고 내 상처와 틀 안에 갇혀 내가 바라는 대로 하지 않는다고 실망하고 화내고 있었던 것이다.

내 안의 부정성은 현상을 왜곡된 시각으로 바라보고 내 틀 안에서 해석을 한다. 그 열등감이 나를 무시한다고 느낀 것처럼….

이 감정들은 내가 경험했던 화학물질의 산물이다. 나의 뇌에는 수없이 반복된 생각으로 만들어진 부정적인 회로가 만들어져 있다. 이것은 조건반사적으로, 무의식적으로 일어나기 때문에 그 순간 나를 보지 못하면 그 감정이 고스란히 나라고 인식하고 그것에 동조하게 된다.

남편의 "대충 먹자."라는 그 말은 내가 힘들까 봐 배려하는 마음에서 경상도 남자가 에둘러 표현한 것임을 이제야 안 것이다. 지금까지 남편이 얘기하는 것을 얼마나 곡해하고 자의적으로 해석하며 살아왔을까?

내 안의 틀이 깨지는 순간이었다. 그동안 내 틀 안에서 '내 것이 옳다'라며 살아왔던 것이다. '내 생각이 맞으니 내가 하자는 대로 해야 한다'는 마음이 아이들과 남편을 억압하고 있었던 것이다.

모든 것은 그대로다. 내가 깨어 있을 땐 있는 그대로 바라봐진다. 있는 그대로를 받아들일 수 있다. 왜곡하지 않고 억압하지 않고 내가 느끼는 모든 것을 그냥 그대로 지켜보고 놓아주는 연습…. 매일 거울을 마주하는 이유이다.

내가 살아오면서 느꼈던 불안은 첫아이 출산을 기점으로 더욱 심해지면서 산후 우울증과 함께 더욱 발현되었다.

그 이후의 삶이란 때론 감정이 느껴지지 않고 때론 과하게 감정이 증폭되면서 매일 내 안에서 그 누구도 모르는 전쟁이 일어나고 있었다.

겉으로 드러나지 않게 더욱 억압하기도 하였고, 그렇게 억압되었던 감정들은 그 압력에 크게 폭발하기도 하였다.

뇌 속의 신경 회로가 이미 만들어져 같은 생각은 같은 감정을 끊임없이 반복적으로 생산하면서 나는 과거에서 계속 살고 있는 것이었다.

매일 똑같은 생활과 반복되는 감정 속에서 그 감정의 중독은 그 감정을 느끼는 상황을 일으킨다. 그 감정을 계속 느끼는 생활이 이어지고 있는 것이다. 나는 그 부정적 감정이 강화되어 웃음을 잃었다. 내 감정과 상관없이 가면을 쓰면서 살아가고 있었던 것이다. 거울명상을 만나기 전까지….

거울명상을 통하여 나의 뇌와 몸은 일관성 있게 균형을 맞춰가고, 이것은 행동 양식 또한 일관성 있게 변화된다는 것을 의미했다.

그때 상황에 맞춰 내 감정이 무엇인지 깨닫게 되고 곧 흘려보내는 것을 지속적으로 훈련했다. 감정에 솔직해지면서 화가 날 땐 화를, 슬플 땐 슬픔을, 기쁠 땐 기쁨을, 즐거울 땐 즐거움을 인식하고 어떠한 감정도 억압하지 않고 그냥 지켜보았다.

그렇게 몇 달이 지나고 보니 어느 순간 난 아이들과 함께 소리 내며 웃고 있었다. 마음에서 진정 느껴지는 감정들이었다. 그때 그 심장에서 느껴지는 감정들은 감사와 사랑이었다. 지금까지 반복적으로 이루어진 그 부정적 감정들이 아니었다. 나의 뇌에서 새로운 감사와 사랑의 회로가 만들어지고 있는 것이다.

거울명상 몇 번 한다고 삶이 확 바뀌지는 않는다. 꾸준히 반복적으로 했을 때 마음의 근육이 생기면서 이 감정들이 내가 아님을 알게 되고 그것에 휘둘리지 않게 되는 것이다.

전에 느끼지 못했던 삶의 변화들이 조금씩 느껴졌다. 때론 격한 감정에 깨어 있음을 놓치고 불같이 화를 내는 내 모습을 발견할 때가 있다. 그렇게 다시 이 순간, 이 자리로 돌아오기를 실생활에서 반복해야 했다.

이미 만들어진 뇌 회로를 바꾸는 건 쉬운 일이 아니다. 지금까지 살아온 삶의 습성을 한 순간에 변화시키는 것은 너무도 어려운 일이다. 의도를 가진 분명한 시간이 필요하다.

매일 반복되는 거울명상으로 내 삶과 내 마음을 들여다보면서 온전히 나에게만 집중하였다. 외부에 에너지를 두는 것이 아니라 온전히 내 안에 일어나는 것들에 에너지를 두었다. 그 순간 내가 미처 자각하지 못했던 나를 만나게 되고, 또 다른 앎으로 외부 세계를 바라보게 되었다.

외부는 똑같은 상황들이다. 내 아이들이고, 남편이고, 내가 만나는 사람들이다. 문제가 해결되고 상황이 달라진 것은 없다. 여전히 아이들은 자기가 원하는 것을 하지 못할 땐 떼를 쓰고 운다. 첫째와 둘째는 장난감 하나에 온 아파트가 시끄럽게 싸움을 하고, 매일 등원 길은 정신없다. 지난 시간에는 이 모든 것이 짜증스럽고 화가 났다. 난 관객이 아닌 그 영화의 주인공으로 그 상황에 빠져 허우적거리고 있었던 것이다.

난 나의 영화를 보면서 울고 웃지만 잊지 않는다. 그것은 단지 그냥 영화일 뿐이라는 것을…. 그리고 비로소 난 나의 삶이라는 영화를 보면서 웃을 수 있게 된 것이다.

2장

—

거울명상으로 무의식을 정화하다

0
1

느낌과 감정이 곧 기도이다

2013년 어느 여름, 난 매우 고난이도 사례관리를 하고 있었다. 아동학대와 관련된 사례로 피해 대상자들에 대한 개입 과정에서 경찰, 정신과 전문의, 청소년 관련 단체 등 몇 번의 솔루션 회의를 거듭한 사례였다. 가해자가 있는 상황이고 법적인 문제 등 쉽지 않은 케이스였다. 그 당시 프로파일러인 표창원 교수에게 전화해서 자문을 구할 정도였으니, 지금까지 사례 중에서도 최고 고난이도 사례였다. 피해 아이들의 정신적인 트라우마로 절대적 신뢰 관계 형성이 관건이었다. 모든 히스테리를 받아내야 하는 속에서 '오죽하면 이럴까…. 그래도 이렇게까지 해야 할까? 내가 왜?'라는 생각이 올라왔다. 그렇게 심적으로 힘들어할 때 첫째 임신 사실을 알게 되었다.

계모에게 학대당한 아이들, 그리고 내가 처음으로 엄마가 되는 그 순간…. 그 아이들에 대한 마음을 사례관리사에서 엄마의 마음으로 이해할 수 있었다.

그때 그 마음들을 정화하기 위하여 호오포노포노를 하던 때였다. 호오포노포노는 하와이에서 전해져 내려오는 무의식을 정화하는 방법으로 기억을 텅 빈 상태로 정화하고 신성의 지혜와 연결해 본연의 삶을 살게 하는 것이다. "감사합니다. 사랑합니다. 미안합니다. 용서하세요." 이 네 단어를 기도하듯 되뇌는 것이다. 『호오포노포노의 비밀』에서는 말한다.

"문제는 내 무의식 속에서 재생되는 기억입니다. 나의 문제는 그 누구와도 어떤 장소나 상황과도 무관합니다. … 내가 기억으로부터 자유로워졌을 때 나는 신성이 나를 창조할 당시의 바로 그 상태, 신성한 자아가 됩니다."

— 조 비테일, 이하레아카라 휴 렌, 『호오포노포노의 비밀』

그해 여름 차 안에서 '사랑합니다, 감사합니다, 미안합니다, 용서하세요'를 읊조리며 출근했다. 그 심장에서 느껴지는 사랑, 감사, 용서의 마음…. 차창 밖으로 보이는 세상은 참 아름답게 느껴졌다. 푸르른 나무며, 파란 하늘, 내 마음에 삶의 충만함이 가득했던 그 느낌은 지금도 잊을 수 없다.

그 당시 사례관리를 하면서 피해 아동의 상황과 그 아픔이 느껴질 때면 어김없이 그렇게 '사랑합니다, 감사합니다, 미안합니다, 용서하세요.'라고 마음속으로 되뇌던 것이 기억난다.

지금 생각해보면 '삶이 축복이다.'라는 마음으로 태교를 하고 마음의 평화를 느끼며 살고 있었던 것 같다. 하지만 출산 후 우울증은 강력했다. 명상이든, 호오포노포노 등 어떤 것도 할 수 없는 상태로 나를 이끌었다.

'거울명상', '호오포노포노'에서도 무의식을 정화해야 현실을 창조할 수 있다고 말한다. 거울명상을 하면서 나의 이 억압된 감정들이 현실에서 느낄 수 있는 상황들로 펼쳐진다는 것을 알게 되었다. 그렇다면 내가 느끼는 이 감정들이 공명하면서 끌어당긴다고 한다면?

내가 느끼는 감정이 기도가 되는 것이 아닌가! 부정적 감정을 가지고 계속 살아간다면 나는 그런 부정적 감정을 느끼기 위해 무의식적으로 그러한 현실을 재창조하고 있는 것이다. 내가 느끼는 이 감정이 기도가 된다면⋯. 이 얼마나 끔찍한 일을 스스로 반복하고 있었던 것인가?

그러한 의문에 응답이라도 하듯 『1700년 동안 숨겨진 절대 기도의 비밀』이라는 책을 읽게 되었다. 저자 그렉 브레이든은 시대를 초월해 의식 변화를 일으키는 명상의 힘, 기도의 비밀을 밝혀내고자 티베트 고산 지대의 마을과 외딴 수도원, 고대의 사원과 사라진 문서들을 20년 넘게 연구해왔다고 한다. 그가 찾아낸 기도의 비밀은 이것이다.

"지금까지 해온 일반적인 기도와는 달리, 이 기도는 말을 전혀 사용하지 않는다. 인간의 감정이라는 침묵의 언어에 기반하고 있기 때문이다. 단지 기도가 이미 응답을 받은 것처럼 감사하는 마음을 갖도록 이끌 뿐이다. 고대인들은 감사하는 마음가짐의 느낌을 통해서 창조의 힘, 즉 신의 정신과 직접 소통한다고 믿었다."

— 그렉 브레이든, 『1700년 동안 숨겨진 절대 기도의 비밀』

속상한 일을 겪으면 우리는 상처를 외면하고 그 감정을 억압한다. 그로 인한 감정들이 너무 아프다고 느끼기 때문에 억압이라는 방어 기제를 사용한다. 그리고 그 감정은 저절로 사라지지 않고 무의식으로 꽁꽁 숨어버린다. 그리고 예상하지 못한 상황에서 나의 의도와 상관없이 표출된다.

우리는 매번 이렇게 살아왔다. 그럼 나의 느낌이, 감정이 기도가 되려면 『거울명상』과 『호오포노포노의 비밀』, 『1700년 동안 숨겨진 절대 기도의 비밀』에서 얘기하듯 억압된 감정을 인정하고 자유롭게 놓아주어야 한다는 것이다. 이것이 우선되어야 현실이 창조되는 것이다. 곧 우리가 원하는 기도가 이루어지는 것이다.

예전에는 '더 넓은 집으로 이사 가게 해주세요', '더 좋은 직장으로 갈 수 있도록 해주세요', '병이 빨리 낫도록 해주세요', '남편과 싸우지 않게 해주세요', '직장 동료와 갈등이 없도록 해주세요', '부자가 되게 해주세요', '꼭 합격하게 해주세요' 등등 결핍되어 있는 것에 에너지를 두었다. 부족한 부분에 초점을 맞추니 더욱 부족함을 강조하고, 그 에너지는 더욱 그것을 증폭시켜 원하는 방향과 반대의 결과들이 생겼다. 집착하면 집착할수록 일이 풀리지 않듯이.

그리고 위의 문장에서 표현되지 않았지만 느껴지는 감정들이 있다. 1장에서도 얘기했듯이 '더 넓은 집으로 이사하겠다'는 마음에는 이 집이 좁아서 더 이상 살지 못하겠다는 마음에서 느껴지는 조급함과 이렇게밖에 살지 못한다는 자괴감, 열등감, 남편에 대한 원망 등 여러 부정적 감정들이 숨어 있었다. 지금까지 이런 마음으로 기도를 하고 있었던 것이다.

양자학에서도 현실은 무의식의 거울이라고 말한다. 무의식의 일들을 현실에 투사해서 나타나는 현상, 즉 부정적 감정의 필터를 통해서 우리의 몸과 세상을 바라본다면 양자의 거울은 그것들을 그대로 우리의 가족에 대한 분노로, 우리 몸의 질병으로, 우리에게 투사한다.

그렇기에 감정을 좋은 것과 나쁜 것, 옳고 그른 것, 어떤 신념과 편견 없이, 분별없이 그냥 있는 그대로 받아들이고 인정하고 흘려보내는 것이다.

힘들면 힘든 것을 느끼고, 괴롭다고 느낄 땐 그 괴로움을 인정하고 흘려보낸다. '거울명상을 한다고 뭐가 바뀌는 것은 맞나?'라는 생각이 올라오면 내가 현재 그렇게 느끼는 것을 자각하면 된다.

원하는 것이 있을 땐 마음으로 그것이 이루어진 것에 대한 느낌을 가진다. 이미 이루어졌을 때의 그 느낌과 감정을 우주 공간에 씨앗을 심듯 심어둔다. 그리고 더 이상 그것에 집착하지 않는다. 그 소원은 내 본원의 삶이, 우주가 이끌어갈 것이다. 마이클 싱어의 『될 일은 된다』처럼…. 그리고 소원이 이루어지지 않더라도 실망할 필요 없다. 긴 인생에서 보면 내 텅 빈 근원의 마음이, 순수의식이 이끌어가는 과정에 일어날 일들이기에 모든 것이 나의 영혼, 내 삶의 성장을 위해 이루어지는 일이다.

19세기 덴마크 철학자 소렌 키에르케고르는 "기도는 신을 변화시키지 않지만 기도하는 사람을 변화시킨다."라고 했다. 나는 이렇게 거울명상을 통하여 나의 느낌과 감정이 곧 기도가 된다는 삶의 태도를 알게 된 것이다.

0
2

내가 만든 감옥에서 벗어나다

누구든 자신이 만든 감옥에서 괴로워한 적이 있을 것이다. 각자가 처한 상황에서 스스로 감내해야 하는 고통과 시련을 겪으며 긴 어둠의 터널에 갇혀 이러지도 저러지도 못하는 삶. 나 또한 삼십 대의 끝자락과 사십 즈음 동트기 직전의 칠흑 같은 어둠 속에서 허우적거렸다. 고통의 끝은 있는 것일까?

나는 어렸을 때부터 착한 아이 콤플렉스가 있었다. 네이버의 위키백과에서는 착한 아이 콤플렉스에 대해 '타인으로부터 착한 아이라는 반응을 듣기 위해 내면의 욕구나 소망을 억압하는 말과 행동을 반복하는 심리적 콤플렉스'라고 말한다. '착하거나 말 잘 듣는 것은 좋은 것, 착하지 않거나 말 안 듣는 것은 나쁜 것'으로 규정하는데 이는 타인의 판단을 절대적으로 내면화한 것이라고 설명한다. 이것은 '착하지 않으면 사랑받을 수 없고 버림받을 것이다.'라는 믿음으로 생성된다.

내 마음이 우선이 아닌 타인의 시선에 나를 맞춤으로 정작 내가 원하는 것이 아닌 다른 사람을 위한 삶을 살게 된 것이다. 이렇게 어린 시절부터 나를 억압하였고 착하다는 말을 들으며 살았다. 그 착하다는 말 속에 나의 솔직한 마음을 표현하는 것은 어려웠고 슬픔, 분노, 미움, 우울함, 두려움, 외로움, 좌절 등의 감정은 나쁜 것이라 치부하며 더 많이 억압하고 무의식 저편으로 밀어냈다. 그러니 거울명상을 처음 시작할 때 감정을 느끼는 것이 쉽지 않았던 것이다.

사회적 통념, 신념과 같은 큰 틀 안에서 착한 아이 콤플렉스를 가진 나는 더 엄격한 잣대로 '~해야 된다'는 삶을 살아갔다. 부모는, 남편은, 자녀는, 직장에서는 등 스스로 규정짓는 틀 안에서 살아가면서 내 뜻과 맞지 않으면 무의식에 숨겨져 있던 억압된 감정들이 터져나왔다.

외부 세계에서 오는 스트레스는 나의 무의식과 공명되어 내 스스로 고통이라 여기며 내가 만든 감옥 속에서 살게 된 것이다.

사례관리를 하다 보면 '어떻게 이런 상황에서도 버틸 수 있을까?' 사방이 벽으로 둘러싸여 빠져나갈 수 없는 상황인데도 견뎌내는 힘을 발휘하는 경우가 있다.

한 줄기 빛도 들어오지 않는 깜깜한 지하방에서 전기도 끊겨 겨우 생존만 가능한 불빛으로 생활하고 있었다. 전기가 되지 않으니 전기밥솥을 사용할 수 없었고, 휴대용 가스레인지 하나로 음식을 조리해야 했다. 수도도 끊겨 겨우 인근 공중화장실에서 물을 사용했다. 이가 아팠으나 병원비가 없어 혼자 집에서 이를 모두 뽑은 것이다. 일을 하고 싶지만 치아가 없으니 늙어 보인다는 이유로 근로도 하지 못했다. 당장 편의점에서 빵 하나 살 돈이 없어 며칠을 라면수프로 끼니를 때웠다. 도저히 이러한 삶을 살 수 없었다고 한다. 지인에게 돈을 빌려 어렵게 수면제를 모아 약을 먹고 자살을 시도하였으나 며칠 잠을 자고 일어났다고 한다. 너무도 깊이 자고 일어나 기분이 좋아졌다고 담담하게 웃으며 얘기하였다. 자살시도를 얘기하면서 "푹 잔 것 같아 좋았어요." 허허허 웃으며 얘기할 땐 나도 웃음이 나올 뻔했다. 이렇게 힘든 고통 속에 어떻게 버텼을까….

처음에는 이러한 상황이 불편하기도 하고 자신의 얘기를 하기가 쉽지 않았지만 사례관리 과정 속에서 그 누구보다 사례관리사와 함께 이 상황을 극복하고자 열심히 했다.

이분은 삶을 있는 그대로 받아들이고 있었다. 지금 처한 상황에 불평불만 하지 않았다. 없으면 없는 대로, 있으면 있는 대로 항상 조그만 지원에도 과할 정도로 감사해하셨다. 나를 만날 때면 항상 "고맙습니다, 감사합니다."라고 말씀하셨다.

삶이 힘들 땐 정말 전생에 무슨 죄를 지어 지금 이렇게 고통을 받고 있는 것인가, 남들 다 행복해 보이는데 나만 이런 것 같아 억울하기도 하고 때론 분하기도 하고, 가슴이 터질 것 같고 서럽고, 실패한 인생인 것 같아 모든 것을 포기하고 싶은 그런 감정들이 휘몰아친다. 그렇게 나를 헤어 나올 수 없는 늪으로 몰아넣는다면 앞서 얘기한 것과 같이 그런 감정들에 중독되어 끊임없이 그러한 감정을 느끼는 삶을 살 수밖에 없다. 이 것은 무한 반복적으로 일어나고 감옥에 갇혀 있는 무기수와 같이 자유롭지 못한 삶을 살게 되는 것이다.

내가 만든 감옥에서 벗어나는 길은 내 삶을 온전히 받아들이는 것에서부터 시작된다.

어느 날 지역 내 집주인으로부터 의뢰가 왔다. 월세 살고 있는 집인데 노모와 함께 살고 있는 모녀로 어르신이 치매가 있어 도움이 필요한 것 같다고 했다. 초기 상담을 위해 가정방문을 하였으나 만날 수 없었고 문 앞에 메모를 남겼다. 핸드폰이 없고 유일한 집전화도 통화가 힘들어 매번 문 앞에 메모를 남기고 돌아왔다. 노모는 고령으로 거동이 불편하여 누워서 생활하고 있으며 딸이 일하는 동안 집에만 있다고 한다. 우리가 방문한 날에도 초인종 소리가 들렸으나 일어날 수 없어 문을 열어주지 못했던 것이다.

두 번째 가정방문 이후 사무실로 전화가 왔다. 분명 출근 시간임에도 연락이 온 것이다. 두 번씩이나 헛걸음을 하게 했다며 연신 미안하다고 한다. 생활이 어려워도 공공 기관에 도움을 요청한 적이 단 한 번도 없는 분이셨다. 그렇게 약속 일정을 잡고 초기 상담을 진행하고자 가정방문을 했다. 현재 20년째 이 집에서 살고 있다고 한다.

원룸의 가구들은 세월의 흔적이 남아 있었지만 정말 깔끔하게 정리정돈이 되어 있었다. 명문대를 졸업했으나 현재 일용직으로 일을 하며 월세를 내고 노모를 부양하면서 살고 있었다. 현재 코로나로 일하는 날이 줄어 소득이 많이 감소하였다. 빠듯한 생활이지만 누구에게 도움을 요청하지 않았으며 이런 제도가 있는지도 몰랐다고 한다.

상담하는 동안 어머니를 정말 사랑으로 보살피고 있음을 느낄 수 있었다. 그리고 너무도 순수하고 겸손하셨다. 오히려 내가 힐링을 받는 느낌이었다.

욕심이 느껴지지 않았다. 좌절과 불안이 아닌 희망과 사랑이 느껴지는 초기 상담은 처음이었다. 내 삶이 힘들다고 외치고 있는 내 자신이 부끄럽게 느껴졌다.

가진 것이 없어도, 정규직이 아니어도, 아픈 노모를 모시고 있어도 그분은 너무도 행복해 보였다. 스스로 얽매이는 모습은 찾아볼 수 없었다. 현재 자신의 삶을 온전히 받아들이고 인정하면서 살고 있었다.

현실을 있는 그대로 받아들이기란 쉽지 않다. 삶이 너무 고통스러울 때는 그 아픔에서 벗어나고자 현실을 부정하며 나를 직면하지 못하게 된다.

거울명상은 내가 지은 감옥에서 온전히 나 스스로 벗어날 수 있게 해주었다. 그 누구도 아닌 오로지 나 자신만이 할 수 있는 일이다. 지금까지 외부에 집중된 에너지를 온전히 나의 내면에 집중한다.

그리고 그 감옥은 누군가에 이끌려 들어온 것이 아닌 내가 만들어낸 것임을 알게 된다. 더 이상 억압하지 않는다. 지금, 현재 이 상황을 그대로 받아들이고 인정한다. 이 고통을 없애기 위해 애쓰며 덧칠하지 않는다. 다만 그러한 나를 지켜볼 뿐이다.

삶이 우리에게 주는 고통과 시련은 분명한 이유가 있을 것이다. 시련과 고통 없이 더 높은 깨달음을 구한 사람은 없다. 오히려 기회일 수 있다. 이 기회를 우리가 어떻게 받아들이는가에 따라 현실을 바라보는 마음이 달라진다. 그리고 현실은 변화를 맞이한다.

0
3

무의식의 정화는 현실의 재창조로 이어진다

억압된 감정을 해소하고 무의식을 정화하면 현실이 창조된다.

지나온 삶에서 선택의 순간에 내가 한 결정이었다고 생각했지만 지나와서 보니 무의식의 작용이었다는 것을 알게 되었다. 현실의 이 괴로움은 무의식의 필터를 제거하고 현실을 본다면 지금까지 보지 못했던 다른 방향으로 삶을 바라보게 되면서 괴로움이 아닌 삶의 교훈으로 다가온다.

조 디스펜자는 『당신도 초자연적이 될 수 있다』에서 이렇게 얘기한다.

"인생에서 무언가 다른 일을 하고자 한다면 몸 안에 있는 그 마음을 끌어내어 존재 상태를 바꿀 방법을 찾아야 한다."

— 조 디스펜자, 『당신도 초자연적이 될 수 있다』

세포 생물학을 연구하는 브루스 립튼 박사는 "생후 첫 7년은 프로그램을 다운 받는 기간이며, 이후 95%의 인생은 그 프로그램대로 흘러간다"고 말한다. 우리 의지대로 생활하고 있다고 생각하지만, 실상은 이미 우리의 몸에 인식되어 있는 무의식 속에서 살고 있는 것이다.

무의식에 부정적 감정이 저장되어 있는 경우, 우리는 현실에서 그 감정들을 더 많이 마주하게 된다. 어떤 유튜버는 그것을 쓰레기 집으로 비유하기도 했다. 지하에 쓰레기가 가득 차 있는데 아무리 좋은 집을 지어도 그 쓰레기에서 나는 악취를 피할 수 없다고 한다.

자신의 삶을 한번 떠올려보자. 내 생각과 의도와 상관없이 반복적으로 일어나는 일이 있는가? 같은 감정을 매번 느끼는 일이 있는가?

나는 누가 나에게 조금이라도 지적하거나 잘 못한다고 얘기하면 파르르 떠는 내가 떠오른다. 친정어머니가 하신 말씀을 빌리자면 이렇다.

"지한테 조금이라도 싫은 소리 하면 난리 난다."

특히 제일 가까운 남편이 나에게 뭔가 지적하면 난 무조건 비난한다고 받아들이고 공격적으로 변했다. 그 이유는 무엇일까?

항상 잘하고 싶은데, 현실은 그렇지 못했다. 특별히 공부를 잘한 것도, 그렇다고 손재주가 있는 것도 아니다. 뭐 하나 특출하거나, 아니면 나 스스로 생각하기에도 잘하는 것이 없다는 생각으로 살아왔다. 그러면서 내 안에 열등감이 자리를 잡았다.

항상 타인과 비교하며 좌절했다. 자존심 때문에 겉으론 표현하지 않으려 노력했고, 그렇게 나를 억압하며 살아왔다. 직장에서는 나의 약한 모습을 보이지 않으려고 더 열심히 일했다. 그렇게 긴장하며 살다가 집에서 남편이 나를 지적할 땐 그것이 공명되어 나의 그 열등감이 올라온다. 그리고 그 말에 화를 낸다. 이것을 자각하지 못할 땐 남편 말 한마디에 화를 내는 것으로 보이지만 그 이면엔 그 열등감이 투사된 것이다.

내가 잘못을 인정해버리면 정말 못하는 사람이 되어버릴 것 같은 두려움이 밀려왔다. 그리고 내 존재가 없어질 것 같은 두려움이 있다는 것을 알게 되었다. 항상 잘해야 한다는 신념은 어디에서 비롯되었을까? 잘하지 못했을 때 느껴지는 열등감, 인정받고 싶음, 존재의 가치 등 무의식에 자리 잡고 있는 내 생각과 신념에 따라 나의 행동들이 나타나게 된다. 매 순간 나의 태도는 무의식의 영향 아래 놓여 있는 것이다.

의식하지 못하는 사이 자동적으로 일어나는 생각과 행동을 알아차리지 못하고 생활한다면 우린 과거에 갇혀 사는 것이다. 지속적으로 똑같은 감정을 느끼고 그 현실을 되풀이하며 살게 된다. 이것은 오늘과 내일이 다를 것 없고 현재와 미래가 같다는 말이다.

그러니 우리는 매 순간 깨어 있어야 한다. 저절로 생겨나는 생각과 일어나는 행동을 알아차려야 더 이상 그 무의식에 이끌려가지 않는다.

거울을 마주보면서 남편이 한 말을 곰곰이 생각하고 그 감정을 느껴본다. 일요일 아침 분주하게 아침을 차리는데 남편은 부엌을 보면서 "왜 이렇게 정리정돈이 안 되는 거야?"라고 말한다. 빨리 아이들에게 밥을 차려주고 싶은 마음에 정신없이 움직이면서 정리를 제대로 하지 못한 것이다. 돌아보니 제자리에 놔둬야 하는 양념들과 그릇, 조리 도구 등이 널브러져 있었다.

부엌이 좁은 이유도 있고, 아직도 서툰 부엌일과 나의 습관들로 나타난 결과일 것이다. 나 스스로 집안일을 잘하지 못한다는 생각을 늘 하고 있었다. 사실 집안일하는 것보다 밖에서 일하는 것이 훨씬 마음이 편하다. 그런 상황에 난 지적을 받았다고 생각하며 그 열등감으로 화가 올라온다. "바쁘게 준비하다 보니 정리가 안 되었네. 다음엔 정리하면서 준비할게."라는 말이 나오지 않는다. 그렇게 인정하면 내 존재가 사라질 것 같은 두려움이 느껴졌다.

텅 빈 근원의 마음, 순수의식으로 그 열등감을 있는 그대로 인정하고 흘려보낸다. 그리고 나의 잘못을 인정할 때 내 존재가 사라질 것 같은 두려움도 함께 흘려보낸다. 그 마음은 내가 알지 못하는 더 깊은 무의식에 자리 잡고 있는 감정일 것이다. 사실 그 존재가 사라질 것 같은 감정은 더 이상 느껴지지 않았다. 느껴지지 않으면 억지로 생각하거나 집착하지 않고 느껴지지 않는 그대로 지켜보았다.

어느 순간 거울에 비친 나를 보면서 난 이렇게 얘기하고 있었다.

"그러게, 난 그렇게 정리정돈하는 것이 어렵네. 앞으로 더 노력해볼게."

있는 그대로의 나를 인정한다는 것이, 지금까지는 그렇게 어려운 일이었다. 텅 빈 근원의 마음, 순수의식으로 그 마음을 아무 분별없이 있는 그대로 받아들인다.

그리고 텅 빈 근원의 마음, 순수의식으로 돌아가면서 마음속 깊은 곳에서 감사함과 사랑의 마음이 올라왔다. 새로운 앎은 나에게 감사와 사랑을 느끼게 하였다. 열등감과 같은 무거운 감정, 주파수가 낮은 감정은 사랑과 감사와 같은 더 높은 주파수를 만나면서 변화가 일어난다. 무의식을 정화하면서 삶의 현실들이 조금씩 바뀌는 것을 느낄 수 있었다.

유튜브 〈김상운의 왓칭〉 '무의식 정화 후 일어나는 기적 편'에서는 말한다.

"무의식이 정화된다는 말은 내가 무의식에 억눌러놓았던 모든 부정적 감정들을 완전히 청산한다는 말이다. … 내가 근원에 마음 근원의 사랑으로 돌아가서 고통에서 완전히 벗어나서 기쁨과 사랑, 평화가 가득한 삶을 살아가는 것이다."

무의식의 정화는 지난 감정에 얽매여 매일 똑같은 현실에서 벗어나 사랑과 감사의 마음, 텅 빈 근원의 마음의 마음으로 새롭게 현실을 창조하였다. 삶이 고통에서 벗어나 축복이 되는 순간이었다.

0
4

삶이 심플하고 명확해졌다

나의 설거지 시간은 오만 가지 생각에 꼬리의 꼬리를 물고 과거와 미래를 넘나든다. 상상의 나래를 펼치며 판타지 소설을 그리는 시간이다. 지난 일들을 떠올리며 어느 한 순간 한 생각에 사로잡혀 그것에 에너지를 집중한다. 점점 생각들에 대한 감정은 실제처럼 느껴지며 그 감정에 힘이 실린다. 그것이 분노하는 마음이면 그 분노의 생각들로 더 큰 분노의 감정을, 원망은 더 큰 원망을 느낀다. 중요한 건 지금 내가 하는 것은 설거지이다. 하지만 이 순간 설거지를 하는 것이 아닌, 생각 놀이에 빠져 있었다. 이것은 망상에 가까웠다.

이 순간 깨어 있어 지금 해야 하는 것에 집중하는 것이 아니라, 몸과 행동이 따로 놀고 있었다. 그러니 설거지를 하는 데 더 많은 시간과 에너지가 든다. 설거지뿐만 아니라 청소할 때도 마찬가지다. 밥을 먹을 때도 밥을 먹는 것에 집중하는 것이 아닌 다른 생각에 사로잡혀 있다. 길을 걸어갈 때도 우린 땅에 발을 딛는 것에 집중하지 않고 딴생각을 하며 걸어간다.

지나온 습관대로 아무런 의심 없이 그냥 무심코 무의식에서 일어나는 행동들이다. 어떤 것을 선택하거나 결정할 때도 내 마음의 소리보단 내 무의식의 흐름에 따라 선택하였다. 그렇기에 매 순간 더 오랜 시간이 걸리고 더 많은 생각들을 하며 나의 에너지를 낭비하고 있는 것이다. 그리고 대부분의 시간을 과거에 대한 후회와 미래에 대한 걱정으로 보내고 있었다.

매일 거듭되는 거울명상은 나를 심플한 삶으로 이끌었다. 이젠 설거지를 하면서 이런저런 잡생각에 빠지지 않는다. 설거지에 집중하면서 내 손에 느껴지는 물의 온도와 그릇으로부터 느껴지는 촉감 등 이 순간 내가 느낄 수 있는 것에 에너지가 집중되는 것을 알아차린다. 그러면 설거지가 힘들게 느껴지지 않는다. 그냥 지금 해야 할 일을 할 뿐이다. 그것에 어떤 분별도 판단도 감정도 없다. 설거지는 단지 설거지일 뿐이다. 그동안 그 설거지를 하는 행위에 내 마음을 투사하고 있었다.

남들 다 하는 설거지로 예를 든 것은 우울증이 있는 사람들은 해야 할일들을 미루고 무기력해지는 증상들로 해야 하는 일을 한다는 것이 쉽지 않다. 일상적인 일을 하는 것은 당연하지만 마음이 괴롭고 힘들 땐 그런 당연한 일을 하는 것이 여간 어려운 일이 아니다.

처음 거울명상을 하면서 내 안의 저항과 회피하는 마음을 정화시키면서 제일 큰 변화는 '움직임'이었다.

그만큼 쓸데없는 생각에 에너지를 빼앗기지 않으니 내가 해야 할 일을할 수 있게 되면서 실행력이 높아진 것이다.

지금 나는 지나온 세월에서 경험했던 감정들의 결과로 그 감정들 속에서 뫼비우스 띠처럼 계속 반복하며 살아온 것을 알게 되었다. 현재가 아닌 과거에 살고 있었다는 것을 자각하면서 그 감정의 중독 상태에서 벗어나고자 하였다. 그 결과 내 감정이 어떤 감정인지 분명해졌다. 알 수없는 불편함에 '내가 왜 이럴까?'라는 의문들에 대한 답을 나 스스로 구할 수 있게 된 것이다.

이 순간 나에게 집중하며 내가 느껴지는 감정을 더 이상 억누르지 않고 흘려보내는 것···. 그 감정에 매몰되어 더 큰 괴로움과 고통을 생산하지 않게 되는 것은 말로 표현할 수 없는 앎 그 자체였다.

내가 어떤 상황에 부딪혔을 때 나의 뇌가 어떻게 반응하는지 알게 되었다. 내가 인지하지 못하는 그 찰나 무의식 저 깊은 곳의 부정성의 길을 따라 생각하고 느끼고 행동하고 있다는 것을···.

나의 믿음과 신념과 고정 관념이 무의식에 자리 잡고 있으며 이것이 언제나 내 삶의 태도를 형성한다는 자각 또한 큰 깨우침이었다.

매 순간 무의식의 부정성의 길을 따라 느껴지는 감정과 생각을 텅 빈 근원의 마음으로 지켜본다. 그동안 나를 봐 달라고 떼쓰는 아이처럼 그냥 있는 그대로 인정하고 그 감정의 아이를 무한한 사랑으로 안아준다.

그렇게 나 스스로 치유하면서 내가 어떤 사람인지, 어떤 생각과 패턴으로 살아왔는지 명확히 알 수 있게 되었다. 그리고 나에 대해 어떠한 평가도 하지 않는다. 지금, 현재의 나를 모두 허용하고 인정하는 것이다.

나에게 덕지덕지 붙어 있는 생각들과 감정들이 정리되었고 내가 내리는 판단과 결정에 항상 '이것이 사실인가?'라는 의문을 가지면서 내 삶은 더 이상 복잡한 인생이 아니었다.

그리고 나의 삶을 나라는 생각과 감정에 맡기지 않기로 하였다.

항상 지켜보는 텅 빈 근원의 마음, 순수의식, 무한한 사랑, 본래 존재하고 있는 삶에게 나를 내맡기기로 했다. 그것은 옳고 그름의 분별없고, 좋고 나쁨의 구별 없이 나에게 일어나는 일들에 호불호로 가려 선택하지 않는다는 뜻이기도 했다.

『상처 받지 않는 영혼』, 『될 일은 된다』의 저자 마이클 싱어는 경제학 박사 과정을 공부하던 중 우연히 깊은 내면적 체험을 통해 선불교와 명상, 요가에 관심을 가지면서 40년 이상을 플로리다의 숲에서 명상을 하고 있다. 그는 자신의 삶을 온전히 거대한 흐름 속에 내맡기기로 한다. 그 삶이 어떠한 제한을 하더라도 자신의 좋고, 싫음의 분별없이 그 삶이 내미는 손을 잡겠다고 다짐한다. 그렇게 40년간 삶에 내맡기기 실험을 하면서 플로리다의 숲속에서 오두막을 지으며 영성센터의 지도자에서, 건축업자, 병원 행정 시스템의 프로그램 개발자, 연 매출이 수억에 달하는 회사의 CEO 자리에까지 이른다.

자신이 한 회사의 CEO가 되겠다는 목표를 가지고 삶을 산 것이 아니라 온전히 삶이 주어지는, 매 순간 그 삶이 내미는 손을 잡고 그저 따라간 것이다.

오로지 '지금, 여기'에 존재하며 삶이 제시한 길을 가는 데 필요한 과정과 그 행위 자체를 즐기는 것이었다. 자신의 좋고 싫음의 호불호에 따라 삶을 살아가는 것이 아니었으며, 마음에서 시끄럽게 일어나는 목소리에 흔들리지 않았다. 그는 소유의 삶이 아닌 존재를 위한 삶이었다. 존재 지향적인 삶을 살면서 지금, 이 순간 이루어지는 것들에 대해 최선을 다했으며 모든 열정을 쏟았다. 이후 비리를 저지른 부하 직원으로 인해 FBI와 힘겨운 법정 공방까지 힘든 시기를 거쳤지만, 여전히 삶의 흐름을 신뢰하면서 삶에 온전히 내맡기기를 진행하였다. 결과적으로 그는 미 정부로부터 기소가 취하되었고 〈뉴욕타임즈〉의 종합 베스트셀러 1위 작가가 되었다.

『될 일은 된다』를 읽으면서 생각했다. 어떻게 이렇게 잘 짜인 극본처럼 삶의 여정이 펼쳐질 수 있을까? 단순히 명상을 통해 부와 명예를 얻게 되는 인생 스토리가 아니었다. 매 순간 삶을 어떻게 받아들이는가를 보여주었다.

나에게 일어난 일들을 있는 그대로 바라본다. 그리고 즉각적으로 좋고, 싫다는 생각을 내려놓는다. 그리고 내게 벌어진 그 일들은 분명 이유가 있을 것이니, 내가 이 상황을 어떻게 인정하고 무엇을 선택하고 행동할 것인가….

과거 감정에 휩쓸려 현재를 살아가며 미래에 대한 걱정과 두려움을 안고 있던 내가 지금, 현재에 집중하며 나를 있는 그대로 인정하게 되었다. 그리고 삶은 견디어내는 것이 아니라 어떻게 살아갈 수 있는지 분명해졌다.

0
5

결정 장애에서 벗어나다

나에게 무엇을 선택하거나 결정하는 것은 매우 힘들고 어려운 일이다. 적은 비용으로 가장 높은 효용의 가치를 따진다. 그것은 강박에 가까웠다. 어떠한 결정이든 제일 완벽하고 좋은 것을 결정하고자 했다.

하루는 미장원에서 머리를 하는 데 마음이 매우 불편했다. 비용이 생각보다 비쌌다. 드디어 사자 같은 머리에서 탈피하는 순간임에도 계속 느껴지는 이 불편함은 무엇인가? 머리 스타일은 마음에 들었지만, 그 불편한 감정은 계속 지속되었다.

거울명상을 하면서 '이 불편함은 어떤 감정일까? 예쁘게 머리 스타일을 바꿨는데 왜 내 기분은 이렇게 다운되고 불편할까?' 그냥 그렇게 있는 그대로 그 마음을 지켜보고 있는데 그 불편함의 실체는 죄책감이었다. '돈을 쓰는데 왜 죄책감이 느껴지지, 이 마음은 무엇이지?' 의문이 들었다.

지난 어린 시절을 생각해보면 경제적 어려움으로 부모님이 많이 다투셨다. '우리 집은 돈이 부족하다. 내가 원하는 것을 살 수 없구나. 그리고 함부로 돈을 쓰면 안 된다'는 나만의 신념이 생겼다. 그것은 물건을 살 때 매우 강박적으로 나타났다. 예를 들면 만 원으로 만 원 이상의 가치를 가진 좋은 물건을 사야 한다는 것이다. 옷을 사러 가면 내가 원하고 내가 좋아하는 옷을 사는 것이 아니라 이 정도 가격에 제일 예쁘고 좋은 옷을 골라야 했다. 그렇게 쇼핑센터를 둘러보아도 살 만한 것은 없다. 그런 옷은 애초에 없는 것이다. 그렇게 골라서 사 온 옷은 제일 마음에 들지 않는 경우가 태반이었다.

내가 원하고 필요한 물건을 사는 것이 아니라 항상 돈에 나를 맞췄다. 그날도 내가 생각했던 것보다 많은 돈이 지출되면서 머리를 하는 것에 초점을 맞추는 것이 아닌 돈에 초점이 맞춰진 것이다.

돈에 맞춰 알뜰하게 사는 것도 필요하다. 하지만 내가 원하는 것을 구매하더라도 기분 좋으면서도 불편한 마음이 동시에 생기는 양가감정이 문제였다. 그 전엔 내가 왜 이런 이상한 기분이 드는지, 그 감정이 어떠한 것인지 모르고 살았다. 그 불편한 이면에 죄책감이 있을 거라곤 생각지도 못했던 것이다.

나의 신념과 고정 관념, 불안은 나를 결정 장애로 이끌었다.

우리는 매 순간 선택하며 산다. 사소한 것부터, 삶이 바뀌는 중대한 상황에 이르기까지 선택하고 결정한다. 나의 순수한 마음과 내 의지에 결정되는 것이 아니라 나의 무의식에 따라 결정된다는 것을 알게 되었다. 내가 어떤 신념을 가지고 어떤 고정 관념을 가지고 있는 것인가에 따라 선택이 달라지는 것이다.

아이가 어렸을 때 조금 더 큰 평수로 갈아타기 위해 집을 처음 알아보던 때가 있었다. 집이 너무도 마음에 들었지만 매매를 하기 위해선 조금 큰 금액의 대출이 필요했다. 지금 생각해보면 그렇게 많은 대출금도 아니었다. 남편은 엑셀로 그 대출금을 갚기 위한 포트폴리오까지 작성해서 보여줬다. 지금 상황에서 그 대출금을 갚는 것이 조금은 빠듯했지만 그렇게 불가능한 일은 아니었다. 하지만 나는 이런 생각들이 밀려왔다. '맞벌이를 하다 배우자 중 한 명이 일을 할 수 없게 된다면, 그 대출금은 어떻게 갚을 것인가?' 나의 불안이 작동한 것이다. 대출금을 갚지 못할 여러 가지 변수들이 떠오르기 시작했다. 똑같은 상황에서 남편은 더 넓고 쾌적한 집에서 행복한 생활을 꿈꾸며 더 열심히 돈을 모으겠다고 하는 반면, 나는 그 집으로 이사하면 둘 중에 한 명은 일을 할 수 없어 그 돈을 갚지 못해 좋지 않은 일이 생길 수 있다는 생각을 한 것이다.

나는 이 순간이 아닌 과거와 미래에 살고 있었다. 사례관리를 하면서 삶은 예측할 수 없고 매우 불안정하며 언제 어떤 이벤트가 발생할지 모른다는 생각이 내 머릿속에 자리 잡고 있었던 것이다. 그렇게 고민만 하다 끝내 이사하지 못했다. 지금 그 집은 우리가 대출금을 받고자 했던 금액의 몇 배가 올랐다.

세계적인 신경과학자이자 우울증 전문가인 알렉스 코브의 저서 『우울할 땐 뇌과학』에서는 현재에 초점을 맞추라고 한다. 걱정과 불안은 자신을 미래에 투사하는 일이므로 현재에 완전히 몰두하면 걱정과 불안은 존재하지 않는 허상이 된다. 그러니 바로 지금 일어나고 있는 일에 주의를 기울이라고 한다.

"원하지 않는 것을 피하는 결정이 아니라 원하는 것을 얻기 위한 결정을 내려라. … 예를 들어 '형편없이 일을 처리하고 싶지 않아'라고 말하는 대신 '일을 훌륭하게 해내고 싶어'라고 말하라. 이런 식의 긍정적 사고는 행동을 변화시키는 데 훨씬 효과적이다."

— 알렉스 코브, 『우울할 땐 뇌과학』

지금 알고 있는 걸 그때도 알았더라면, 내 선택과 결정에, 내 믿음이 사실인지 아닌지 깨어 있었다면, 그것이 불안으로 인한 두려움이 나를 지배하고 있었던 것을 알았다면 조금 더 현명한 선택을 하지 않았을까?

미용실에 다녀온 날 거울명상을 하면서 그 불편한 감정을 가만히 지켜본다. 지난 어린 시절이 주마등처럼 지나가고 그동안 돈을 쓸 때마다 내가 느꼈던 감정들을 떠올렸다. 내가 원하는 것을 구매할 땐 그 자체의 기쁨보다 내가 가진 돈이 줄어들어 아깝다는 그 결핍과 가난에 초점을 두고 있었다. 현재 상황은 그렇지 않지만, 무의식에 뿌리박혀 있는 그 어렸을 때 우리 집 경제 사정이 항상 자리 잡으면서 '지금 상황에서 이 돈을 나에게 이렇게 써도 될까', '우리 부모님은 그러지 못했는데 내가 이렇게 해도 되나'라는 죄책감이 올라왔다.

물건을 살 때도 어떤 것을 사야 하는 것이 중요한 게 아니라 그 이면에 이것이 최선의 선택인지에 대한 불안감이었다. 이러한 죄책감과 불안감 등이 내가 선택해야 하고 결정할 때 머뭇거리고 우유부단하게 만들었던 것이다.

이러한 자각은 온전히 나에게 집중하면서 내 감정을 살피면서 알 수 있게 된 것이다. 그동안 이런 자각 없이 알 수 없는 불편함과 감정들 속에서 살았다. 매번 선택하고 결정하는 것이 어려워 내가 아닌 타인의 결정에 따르거나 회피하는 등 주도적인 나의 삶을 살지 못한 것이다.

거울명상은 그러한 나를 온전히 지켜보며 그런 부정적 감정들을 인정하고 흘려보낼 수 있게 하였다. 돈을 쓰는 것에 대한 죄책감을 있는 그대로 인정하고 흘려보내면서 그 이면의 감정인 돈을 쓰면서 내가 원하는 것을 갖는 것에 대한 기쁨도 함께 올라왔다. 텅 빈 근원의 마음으로, 순수의식으로 나를 지켜보며 내 안의 억압된 감정들이 정화되면서 그 이면의 감정도 함께 정화되는 것 같았다.

그 이후 물건을 사거나 선택할 때 그런 무거운 감정 없이 결정할 수 있어 한결 가벼웠다. 그리고 나의 마음에서 우러나오는 결정들을 할 수 있었다. 이렇게 거울명상은 매 순간 내가 알지 못했던 나를 자각하게 해주었고 삶의 작은 부분들에서부터 변하기 시작했다.

0
6

더 이상 에고에게 속지 않는다

몇 년 전 미라클 모닝을 처음 시작할 때였다. 새벽 기상이라는 습관을 만들기 위해 매일 새벽 5시에 기상을 했다. 새로운 습관이 만들어지려면 21일이 필요하다고 한다. 항상 작심삼일이면 끝나는 도전이 이번엔 19일 차까지 왔다. 삶에 새로운 변화가 생길 것만 같았다. 지난 과거들에서 벗어나 새로운 삶을 살 수 있을 거라는 기대로 도전하던 그때, 그날따라 너무 피곤하고, 피로가 누적되어 신경도 예민해져 있었다. 그러던 중 남편과 말다툼이 있었다. 새벽 기상으로 몸이 지친다고 얘기했지만 돌아오는 대답은 "네가 좋아서 하는 거잖아."라는 것이었다.

우울증을 극복하기 위한 나름의 노력들이 보이지 않는 것일까? 그 순간부터 끊임없이 내 마음속에 시끄럽게 떠드는 이가 있었다.

'어떻게 이럴 수가 있지?'

'나를 전혀 배려하지 않는구나.'

'내가 얼마나 힘들어하는지 알면서 지지는 못할망정 왜 방해하는 걸까?'

' 왜 날 인정하지 않는 거지?'

'나 혼자 좋으라고 새벽에 일어나는 것인가? 내가 안정되고 행복해야 우리 가족도 행복한데……. 그 과정 속에서 노력하는 것이 보이지 않는다면, 나도 더 이상 이럴 이유가 없어. 내가 그만두는 것은 당신 때문이야.'

그리고 난 다시 예전의 모습으로 돌아갔다.

에고에 대해 생각해보면 이때의 상황이 떠오른다. 에고는 자기에서 비롯된다. 얼마나 자기중심적인지, 남편에게 비난받았다고 생각한 나는 나를 방어하기 위해 즉각적으로 대응했다. 나의 에고는 상처받았다고 생각하고 인정받지 못했다며 그 생각들을 먹잇감으로 삼아 점점 강해졌다.

그러나 생각해보면, 남편에게 한마디 들은 그 일이 나의 도전을 그만둘 정도의 사건이었을까? 나의 마음 깊은 곳에는 새벽 기상이 너무 지치고 힘드니 그만두고 싶었던 마음을 남편을 통해 확인한 건 아닐까? 이 모든 것은 내 마음에서 일어나는 작용이었고, 에고의 모습이었다.

첫째를 임신했을 무렵 처음 삿상 모임(명상 모임) 때 선물받은 책이 있다. 에크하르트 톨레 · 류시화 옮김 『삶으로 다시 떠오르기』 인생 책으로 삶이 힘들 때 매번 꺼내서 읽던 책이다. 지금 이 책에는 여러 가지 색깔로 밑줄이 그어져 있으며 매번 읽을 때마다 나를 새로운 앎으로 인도했다.

나는 '삶으로 다시 떠오르기'라는 이 제목을 매우 좋아한다. 류시화는 이 책의 제목을 정하는 데 6개월이나 걸렸다고 한다. 그는 이 제목을 선택하고 이 책의 주제를 한마디로 이렇게 표현했다. "에고와 생각에 파묻혀 삶으로부터 멀어진 자신을 다시, 지금 이 순간의 삶으로 데려오는 일이다." 그리고 "에고에 바탕을 둔 삶과 그러한 삶들이 모인 세상에서 우리는 살고 있다. 에고에 지배당하고 한편으로는 에고와 싸우면서 우리는 살아간다. 톨레는 '에고를 알아차리라'고 말한다. 알아차리는 순간 에고는 힘을 잃고 소멸하기 때문이다. 그 알아차림이 영적인 깨달음이다."

에고에 대한 글을 쓰기 위해 이 책을 다시 읽으면서 앞서 소개했던『될 일은 된다』의 저자 마이클 싱어의 삶이 떠올랐다.

삶에 온전히 내맡김을 실천하면서 마음의 호불호에서 벗어나 삶을 있는 그대로 받아들이며 어떠한 저항도, 에고에 휩싸이지 않는 삶. 이 순간만이 존재하는 그 삶에서 에크하르트 톨레가 얘기했던 내면의 목적인 삶이라는 것을…. 지금 이 존재함 속에서 받아들임, 즐거움, 열정의 인생드라마를 보여준 것이다.

그리고 얼마 전 삿상 모임에 다시 합류하게 되었다. 그곳에서 원각 선생님이 우스갯소리로 한 이야기가 생각난다.

한 사람이 절벽에 위태위태하게 매달려 있다. 도와달라고 소리친다.
"누구 없어요? 도와주세요! 신이시여 도와주소서. 제발 신이시여."

하늘에서 목소리가 들린다.
"나는 신이다. 내가 너를 도와주겠다."

신의 응답을 받아 너무나 기뻐 감사하다는 말을 몇 번이고 소리치고 "어떻게 할까요?"라고 물었다. 하늘에서 응답한다.

"줄을 놓아라. 그러면 괜찮을 것이다."

응답받은 사람은 잠시 생각하더니 절벽 위를 향해 소리친다.

"거기 다른 신은 없소? 도와주시오!"

전형적인 에고의 모습을 잘 표현한 이야기이다. 내가 원하는 방식이 아니면 결코 인정하려 들지 않으며 또 다른 곳에서 길을 찾는 것이 짧은 이야기이지만 많은 것을 생각하게 한다.

다시금 그동안의 삶을 되돌아보았다. 내가 알고 있는 것이 '다 맞아'라는 생각과 내가 좋은 것은 취하고 싫어하는 것은 배척하면서, 때론 우월감에 사로잡혀 가르치려 들며 살았다. 어떤 것에 집착하면서 그것으로 원망과 분노의 마음을 생산하고, 그 에고에게 먹잇감을 주면서 그 고통을 스스로 만들고 있었다. 언제나 다른 사람에게 인정받기를 원했으며 타인의 시선을 의식하면서 살았다. 그리고 에고를 통해 끊임없이 판단하고 분별하며 내 안의 틀에서 답을 정해놓고 있었다.

"에고의 밑바탕에서 모든 행동을 지배하는 감정은 두려움이다. … 하지만 에고는 기껏해야 가까운 관계, 새로운 소유물, 혹은 이런저런 성취들로 일시적으로 이 두려움을 덮어버리는 것밖에 할 수 없다. 환상은 결코 당신을 만족시키지 못한다."

– 에크하르트 톨레, 『삶으로 다시 떠오르기』

끊임없이 내 안에서 떠는 것은 누구인가? 때론 모든 것을 깨달은 척하며 속삭이고, 어느 땐 맹수 같은 폭력성을 드러내면서 내 귓가에 맴도는 생각의 소리들…. 이것은 무엇인가? 그 생각의 소리, 에고의 속삭임을 지켜본다.

그리고 더 이상 에고에게 속지 않는다. 그것은 내 마음의 착각이고 허상이라는 것을, 그 에고는 우리의 고통을 먹고 산다. 그리고 항상 다시 되돌아가려는 속성이 있다. 작아지고 소멸되는 것이 두려워 더 큰 분란을 만드는 것도 안다.

그 에고를 잠재울 수 있는 것은 그 순간 멈춤이다. 아무런 대응을 하지 않는 것. 에고에게 더 이상 힘을 실어주지 않는 것.

그리고 지금, 현재, 여기, 이 순간이라는 이 공간 안에서 나의 텅 빈 근원의 마음, 즉 순수의식으로 그것을 지켜볼 뿐이라는 것을 더욱 확신하게 되었다. 에고에게 먹잇감을 주지 않으며 삶에 저항하지 않고, 판단하지 않고, 집착하지 않는 삶을 살아가고자 한다.

0
7

무의식이 운명을 만든다

칼 융은 "무의식을 의식화하지 않으면 무의식이 우리 삶의 방향을 결정하는데, 이것을 두고 우리는 운명이라고 부른다."라고 말했다.

지금까지 억압된 감정과 우리가 생각하는 믿음, 신념, 고정 관념들의 무의식 속에서 살고 있는 것을 알게 되었다. 억압된 감정을 해소하지 않고 끊임없이 그 감정들을 일으키는 현실 속에서, 우리의 믿음과 신념, 고정관념의 생각 아래에서는 나의 운명은 바뀔 수 없다는 것도 함께 말이다.

아무리 자기개발서를 읽고 실천하려고 해도 작심삼일로 끝나고, 내가 원하는 것을 이루고자 소원을 빌어도 이루어지지 않는다. 거울명상을 하면서도 생각한 것처럼 안 된다고 느껴질 때도 있다. 온전히 나의 내면을 들여다보면 그 현상들이 일어나는 그 이면의 저 깊은 곳에서는 저항이 있다는 것을 알게 된다. 그리고 저항 이면의 감정들도 알게 된다.

'돈이 많았으면 좋겠다'라고 생각해도 실상 내 무의식에서는 돈에 대한 부정적 생각을 가지고 있으며, '좋은 곳에 취직했으면 좋겠다', '이번엔 꼭 합격했으면 좋겠다'라고 말은 하지만 그 마음 밑바닥에는 두려움, 불안, 불신 등이 자리 잡고 있는 경우가 많다.

인생이라는 바다에서 항해하는 배의 키를 우리가 잡고 있다고 생각하지만 실제는 그 무의식이 운명의 키를 잡고 있는 셈이다. 그렇게 우리는 인생을 항해하고 있었다.

가정폭력상담소에서 근무할 때였다. 가정 폭력 피해로 이혼을 하고 재혼을 했는데 또 폭력적인 남편을 만났다. 폭력이 너무 심해서 가정폭력 피해자쉼터에 입소를 위한 상담을 하면서 "이번에는 괜찮을 줄 알았는데 또 가정 폭력 남편을 만났네요."라고 말했다. 십수 년이 지난 지금도 생각난다.

직장에서 동료 직원이나 상사 때문에 힘들어하는 경우도 있다. 퇴사를 하고 이직을 하더라도 그곳에서 또 비슷한 상황들이 벌어질 때가 있다. 반복되는 경험들을 하면서 '내 팔자는', '내 운명은'이라는 말을 하게 된다.

칼 융의 말처럼 우리가 이런 무의식을 의식화, 즉 스스로 자각하지 못하면 매번 똑같은 상황과 현실을 반복하면서 살게 되는 것이다.

나는 내 삶이 나의 습관과 무의식에 이끌려가지 않게 하기 위해 매일 새벽 거울 앞에 앉는다.

온전히 나를 들여다보며 거대한 무의식의 창고에서 매일매일 일어나는 단편적으로 느껴지는 감정에서부터 나를 잡아먹어 버릴 것 같은 거대한 감정에 이르기까지 바라보고 놓아준다.

그 감정과 한 몸으로 느끼는 것이 아니라, 그 감정을 텅 빈 근원의 마음, 순수의식으로 바라보는 것이다. 억지로 그 감정을 불러일으키지 않는다. 올라오면 올라오는 대로 아니면 아닌 대로 그저 바로보고 지켜보는 것이다.

우리가 태어나기 전 엄마의 자궁 속에서부터 그 이전 우리가 알 수 없었던 전생과 내가 알지 못하는 우리 조상들의 신념과 상처 등이 무의식 속에 저장되어 있다. 그리고 우리가 속한 사회나 조직, 문화 등에서 받아들여지는 집단 무의식까지…. 매일 우리는 우리의 의지대로 살아가기보다 이러한 무의식으로 살아가는 것이 더 많다.

반복되는 우울과 불안으로 힘들 때, 이것이 단지 우울증이 아닌 '내 안의 어떤 무의식의 작용일까, 도대체 그 속에 무엇이 있는 것인가' 생각한 적이 있다.

무의식 정화와 관련된 검색을 하면서 우연히 한 블로그를 알게 되었다. 블로그의 소개글에는 '인생이 꼬여버린 게 아닌 자신이 살아온 삶의 방식을 바꾸고 의식 재조정이 필요한 시기일지 모릅니다'라는 구절이 적혀 있다. 블로그의 글들이 나의 호기심과 내 마음을 움직였다.

내 무의식에 무엇이 있는지 궁금했고, 지금 현재 이 괴로움은 어디서부터 비롯되었는지 알고 싶었다.

블로그 운영자는 소위 '무당'이었다. 하지만 우리가 일반적으로 아는 무당이 아니다. 영적 깨어남을 이야기하는 무당이다. 분명 전생을 느끼고 에너지를 읽어 영적으로 지금 현재 상황을 알려주는 이지만 무당이라는 어감에서 느껴지는 나의 선입견은 사실 무섭고 두려웠다.

두려움 반 기대 반으로 떠난 대전에서 나는 나의 전생과 마주했다.

난 순교자의 삶을 살았다고 한다. 신의 말씀을 전달하는 길잡이 영혼일 뿐이나, 사람들을 변화시키기 위해 때론 독선과 교만으로, 희생과 헌신으로 그 삶을 살아왔다. 그 과정에 자신을 인정받고 존중받고 싶은 강한 욕망과 지배하고 굴복시키고자 하는 삶 속에서 피해자이면서 가해자이기도 하였다. 변화는 여러 경험 속에서 자신 스스로 치유하며 일어나는 것이다. 나는 신의 말씀을 전하며 그들을 변화시키고자 하였고 자신의 뜻대로 변화되지 않는 것에 대한 원망과 분노의 마음을 품고 있다고 하였다. 그리고 그러한 자신의 뜻이 맞다는 편향된 신념이 너무도 강하여 지금 현생에서도 그러한 의식의 영향을 받고 있다고 하였다.

세 시간의 긴 시간 동안 삶에 대해 얘기하면서 나의 이번 생은 삶의 다양성을 인정하고 받아들이는 것이 미션처럼 느껴졌다. 내 것이 옳고 내 뜻대로 따라야 한다고 강요하는 것이 아니라 스스로 변화됨을 기다리는 것이다. 이것이 남편과 내 아이를 대하는 태도이며, 내가 사례관리를 하면서 대상자들을 대하는 태도이지 않을까?

분명 새로운 경험이었다. 전생이 무의식의 전부는 결코 아니다. 다만 나와 내 삶을 다양한 각도에서 이해할 수 있게 되었다.

그날 대전에서 집으로 돌아오는 기차 안에서 난 이렇게 글을 남겼다.

오늘이 마지막이길,

더 이상 방황하지 않고 조금만 편안한 삶을 살 수 있길.

내안의 수호신이 지금까지 수많은 인연과 사건들로 나를 돌아보라고 알려줬던 시그널들을 이제 알게 되었다.

나를 확신하고 신뢰하고 사랑하는 것.

내 안의 틀을 깨고 모든 삶을 허용하고 인정하는 것.

그간 나를 부정하고 때론 오만과 허영으로 다른 이들을 상처주고 또 상처받으면서 내가 잘났다며 살아왔다.

지난 것에 대해 끊임없는 후회와 닥쳐올 미래에 집중하며 현실을 살지 못했다.

이제 모든 것을 내려놓고

나를 들여다보고

일어난 일들에 대한 깊은 성찰로

나를 사랑하고, 다른 이들을 사랑하며 살아야겠다.

경직된 삶에서 이완된 삶으로

집착에서 놓아버림으로

미움에서 사랑으로

모든 양면성을 다 허용하고 인정하는 삶으로

그래서 삶에 여지를 두고 여유가 있는

진정 자유로운 영혼으로…….

이렇게 나는 나의 무의식을 정화하고 새로운 운명을 만들어간다.

원래의 나로 돌아가다

7년 동안 내가 아닌 나로 살아가고 있었다. 나는 어떤 사람이었는지, 어떨 때 기분이 좋은지, 행복한지, 모든 것이 정지되어 있었다.

온전히 '나'가 아닌, 두 아이의 엄마로, 아내로, 직장인으로 여러 가지 역할 속에 나라고 하는 존재에 대한 갈망이 있었다.

온갖 부정성에 덧칠되어 내 본래의, 존재의 가치를 알지 못한 채, 나를 부정하고 내 삶을 부정하며 살아왔다. 그 결과 불안과 우울증에 시달리며 고통과 한 몸이 되어 살아왔던 것이다.

그동안 마음공부와 삿상(명상 모임)을 통해 이미 깨달은 존재임을 안다고 했지만, 모든 것을 지식으로 받아들이고 머리로만 이해하고 있었다. 그것은 단지 지식일 뿐이었다. 지혜도 깨달음도 아니었다. 내가 누군지도 모른 채 정신없이 시간에 떠밀려 살아온 그 시간들, 그 어둠의 터널에 갇혀 힘들어했던 삶이 나에게 준 선물이 있다. 그것은 '온전히 나에게 집중하고 들여다볼 수 있음'이었다.

거울명상을 하면서 지금 현재 억압된 감정을 들여다보면서 과거의 나에게로 돌아간다. 그리고 그때 그 순간의 나에게 그 감정을 인정하고 흘려보낸다. 외부가 아닌 나에게로 집중하면서 이 순간, 나와 만난다. 그 속에서 나의 온전하고 본래의 나, 텅 빈 무한한 마음, 순수의식과 하나가 된다.

고통스럽고 삶이 힘들다고 외치던 것은 내가 아니었다. 그동안 살아오면서 경험을 통한 감정들과 무의식, 에고였다. 그것은 내가 만들어낸 생각들이었고 허상인 것이다.

이제야 이것이 말과 언어, 지식이 아닌 느낌으로 이해되기 시작했다.

내가 만든 감옥 속에 있을 땐 지금의 나는 상상도 할 수 없다. 매일 아침 눈뜨는 것이 힘들었고 아이들 밥을 챙겨주고 일상생활을 하는 것 자체가 힘들었다. 내 마음은 내 환경에도 투사되어 정리 안 된 집은 정리되지 않은 내 머릿속을 옮겨놓은 듯했다.

그렇게 일관성 없는 삶에서 거울명상을 통해 조금씩 본래의 나로 돌아가고 있었다.

여전히 남편과 아이들 때문에 힘들 땐 화도 나고 짜증도 난다. 하지만 그때와는 다르다. 그 화와 한 몸이 되어 화에 빠져 있었다면 이젠 그 순간 일어남을 알고 있다.

또한 더 이상 과거의 감정에 중독되지 않는다. 그것이 내가 아님을 알기에 그 감정들로부터 한 발짝 떨어져 나를 지켜보게 된다. 그러면서 몸과 마음이 따로 노는 것이 아니라 지금 이 순간 내가 해야 하는 일을 하면서 일관성이 있는 태도로 바뀌어가는 것이다.

이 부분과 관련해서 조 디스펜자의 『당신도 초자연적이 될 수 있다』에서는 이렇게 얘기하고 있다.

"외부환경 속 물질로 향해 있던 좁은 초점에서 벗어나, 우리의 주의를 아무것도 아닌 것에, 공간에, 에너지에, 정보에 둠으로써 그 광대하고 무한한 어둠을 자각하게 되면, 이때 우리 뇌는 변하기 시작한다. … 뇌가 질서를 찾으면 우리도 질서를 찾고, 뇌가 잘 작동하면 우리도 잘 작동한다. 간단히 말하면 뇌가 더 전체적으로 기능하면 우리도 더 온전하다고 느낀다."

– 조 디스펜자, 『당신도 초자연적이 될 수 있다』

그동안 불안과 우울증으로 뇌의 기능이 원활하지 못했고 부정적으로 치우쳐져 있던 것들이 거울명상을 통해 텅 빈 근원의 마음과 순수의식으로 나를 지켜보면서 나의 뇌기능도 통합적이며 전체적으로 기능하게 되는 것이다.

이젠 아이들과 함께 소리 높여 웃을 수 있다. 때론 비난과 상처를 받고 나의 열등감에 사로잡혀 자존감이 떨어진대도 그것에 휩싸이지 않는다. 날이 선 생존 모드의 불안에서 서서히 벗어날 수 있게 된다.

슬픔과 미움과 원망과 불안, 죄책감, 열등감 등의 수많은 감정들 속에서 삶이 고통이라는 생각과 함께 '그 끝은 어디쯤에 있을까?', '과연 그 끝은 있을까?'라는 생각으로 수많은 밤을 새웠던 지난날들이 이제는 하나의 이미지로 남아 있다.

매일매일 똑같을 것만 같았던 날들이, 매일매일 다른 날인 것을, 매 순간, 이 순간만 있을 뿐인데…. 그땐 그것이 전부인 것처럼 생각되고 변하지 않을 것이라고 생각했지만 이 감정들은, 무의식은 이렇게 정화되면서 치유되고 있었다.

40대면 모두 알 수 있는 조성모 〈가시나무〉의 '내 안에 내가 너무도 많아서'라는 가사처럼 지금까지 억압된 감정의 인격체들로 때론 이런 모습으로 때론 저런 모습으로 나 스스로 가면을 쓰면서 내가 누구인지 모르며 살아왔던 것은 아닐까….

그동안 나의 나약함을 감추기 위해서 더 강한 척하였고, 인정받고 사랑받고 싶어 더욱더 무엇인가를 하면서 살아왔다. 내 마음이 흐르는 대로가 아닌 다른 사람이 원하는 대로 맞춰주며 살았다. 그리고 내가 진정 원하는 것이 무엇인지 모르며 살았다.

이렇게 나를 매일 들여다보는 작업은 나에 대한 깊은 통찰과 자각으로 이어졌으며 본래의 나로 온전히 나를 느낄 수 있었다. 그리고 그것은 나에 대한 무한 사랑임을 알게 되었다.

모든 것을 내려놓고 분별하지 않으며, 어떠한 것에도 평가하지 않는다. 내가 느끼는 모든 감정을 억압하지 않으며 그 순간 있는 그대로 허용하고 인정하며 흘려보낸다.

그리고 텅 빈 근원의 마음, 순수의식, 내 자신이 진정한 사랑임을 안다.

이미 나는 깨달은 존재이고, 순수한 사랑임을, 텅 빈 근원의 마음이고 순수의식 그 존재 자체임을 난 매일 거울을 보면서 지켜본다.

3장

—

억압된 감정에서 벗어나기

0
1

내 안의 감정을 있는 그대로 느끼다

직장 내 상담센터의 문을 두드렸다. 상담을 받고자 함은 내가 현재 어렵고 힘든 마음을 풀어내고 싶었다. 그리고 또 하나의 이유는 사례관리자로서 내가 내담자가 되었을 때 상담을 어떻게 하는지 상담사를 모델링을 하고자 함이었다.

두 가지의 목적을 가지고 매주 1회씩 상담을 받았다. 나를 객관적으로 볼 수 있고 나의 얘기를 어떠한 평가 없이 있는 그대로 들어줄 수 있는 사람이 있다는 것 자체만으로도 위안이 되었다.

첫 상담의 그 느낌과 모습이 한 장의 사진과 같은 이미지로 기억된다.

그때의 감정, 기분, 상황들이 영원할 것 같았지만 결국에는 남는 건 이미지이다. 그것은 내 생각에서 떠오르는 하나의 이미지. 다시금 이 순간만이 내가 존재함을 느낀다.

상담할 때 난 나를 설명하고 있었다. 감정에 따른 행동들과 말투가 아닌 내 상황을 설명하였고 내 마음을 표현하지 못했다.

상담사는 나의 어린 시절의 기억들을 떠올리는 작업을 하였다. 상담사에게 "저는 어렸을 때 기억이 잘 나지 않아요. 정말 단편적으로 생각나지 전혀 기억나는 것이 없어요."라고 했던 말이 생각난다. 그때 상담사는 "기억이 나지 않는 이유가 분명 있습니다. 기억을 하지 못하는 억압된 무엇인가가 있을 거예요."라고 말했다.

가족을 대변하는 인형들을 도구 삼아 나의 과거 모습으로 돌아갔다. 인형 중에 부모님과 비슷한 인형을 고르고 나와 비슷한 인형을 골라서 역할극을 하지만 그때의 감정이 이입되지 않고 여전히 객관적 사실을 설명하고 있다.

앞 장에서 설명한 것과 같이 난 감정을 억압하는 데 익숙한 사람이다. 가장 안전하다고 생각하는 곳에서도 내 마음을, 내 감정을 느끼는 것이 이렇게 어려운 사람인지 다시 한번 느낄 수 있었다.

항상 즉각적으로 반응하는 감정들은 익숙하다. 하지만 즉각적인 감정 저 너머로 무의식에 깔려 있는 그 이면의 감정을 느끼는 것은 쉽지 않다. 거울명상을 처음 시도할 때 아무것도 느껴지는 것 없이 그냥 멍하게 거울을 보던 때가 생각난다.

의식적으로 뭔가 인위적으로 억압된 감정이 무엇인지 느끼려 하면 할수록 더 큰 저항이 올라왔다. 그러니 처음 거울을 마주했을 때 분노, 짜증, 화, 열등감, 죄책감, 불안, 두려움 등의 감정이 아닌, 그냥 눕고 싶고, 하기 싫고, 도망가고 싶은 행위가 나타났다. 그렇게 일주일이 넘도록 거울과 마주보았다. 그 회피하고 싶은 저항감이 그 푸르디푸른 파란색 빛과 함께 정화되면서 비로소 내 감정을 조금씩 느낄 수 있게 된 것이다.

평소에 내가 느끼는 감정은 보통 불안, 우울, 분노 이 정도의 감정만 느껴졌다. 생활 속에서 어떤 상황과 맞닥뜨렸을 때 주로 느끼는 감정들이다. 그 이외의 감정들에 대해서 세세하게 그 감정이 어떤 종류의 것인지 어떤 감정들인지 모르고 살았던 것은 아닐까….

거울명상을 하면서 내 안의 열등감, 죄책감, 버려질 것에 대한 두려움, 수치심, 인정받고 사랑받고 싶은 마음 등 근본적이고 정교한 감정들을 느낄 수 있었다.

이 억압된 감정들이 나를 어떤 상황으로 이끌어가는 것인지, 감정이라는 것이 삶에 얼마나 큰 영향을 미치는지 이제는 안다.

이 억눌린 감정들이 뭉쳐 몸과 한 몸이 될 때 정신적뿐만 아니라 신체적으로 병이 생긴다는 것은 누구나 알 것이다.

억압된 감정을 정화하는 것이 생에 무엇보다 중요하다는 것을 잘 설명해주는 인터뷰가 있어 소개하고자 한다.

넷플릭스 화제작 〈치유 HEAL〉의 Dr. V의 인터뷰에서 말한다.

"치유 작업에서 꼭 필요한 일 중 하나가 감정적 상처를 치유하는 것입니다. 근데 그게 참 쉽지 않습니다. 우리가 치유라고 하면, 신체적인 측면에서 무언가를 하는 데에만 매몰되기 쉽거든요. 건강보조제를 먹는다든가, 커피 관장을 한다든가 하는 것들이요. 우린 그런 걸 좋아하죠. 하지만 생각을 내서 속도를 늦추고, 스트레스를 줄이고, 몸을 몰아붙이지 않는 것도 매우 중요합니다. 일단은 감정을 그대로 바라보는 시간을 가져야 해요. 저를 포함해서 대부분의 여성들은 여러 가지 역할을 하느라

바빠 감정을 꾹꾹 눌러둡니다. '나중에 해결해야지'라고 생각하면서요. 하지만 건강 상태를 변화시키기 위해서는 자기 존재의 모든 부분을 변화시켜야 합니다. 감정까지도요. 지금까지 해오던 대로 계속하면 똑같은 결과밖에 나오지 않겠지요? 치유의 여정에서는 신체적인 측면만 중요한 게 아닙니다. 감정과 정신, 영적인 측면도 다루어져야 해요. 전문 상담을 받거나 시간을 내서 명상하세요. 명상이 각성된 교감신경을 진정시켜주고 부교감신경이 활성화되도록 자극해 치유가 일어나게 한다는 사실은 잘 알려져 있습니다." (참고 : 유튜브 〈샨티TV〉)

모든 치유 작업에서 필요한 것은 '감정'이다. 자신이 느끼고 있는 감정이 어떤 것인지 알고 억압하지 않고 놓아주어야 한다는 것이다.

살면서 우리가 우리의 마음을 들여다보는 데 얼마큼의 시간을 투자하고 있을까?

거울명상을 알지 못했다면 여전히 예전의 감정에 휩싸여 과거를 답습하며 살고 있었을 것이다. 이 글을 쓰는 이 시점에서 그때 그 상처와 고통은 까마득하게 느껴진다.

온전히 나를 들여다보는 시간은 내 삶을 재조명할 수 있는 시간이다. 그리고 나에게 일어나는 현실의 괴로움은 나를 정화할 수 있는 기회이자 삶이 주는 선물이라는 것을 이제야 알게 되었다.

그땐 알지 못했다. 현실에서 내가 감당하기 힘든 어려움이 닥칠 때, 세포 하나하나가 외부 세계에 집중되어 이 모든 상황을 부정하고 억압하고 있다는 것을….

그 순간 나에게로 집중하여 내 마음의 고통과 그 감정을 텅 빈 근원의 마음으로 지켜볼 때 우리는 내 삶의 관찰자 입장에서 바라봐지며 그 고통에서 벗어날 수 있는 조건이 되는 것이다.

그리고 거울을 볼 때만 감정 정화를 하는 것이 아니라 매 순간 내 삶의 모든 시간이 내 억압된 감정을 해소하고 무의식을 해소하고 있는 순간이라는 것도 알게 된다.

많은 사람들이 거울명상을 하면서 드라마틱한 경험들을 얘기하고 있다. 과연 그것이 가능할까? 처음 거울명상을 접하는 사람들은 매우 의아해하거나 믿지 못할 일들일 수 있다.

그만큼 우리의 감정 에너지가 갖는 힘은 무한하고 한계가 없다는 것을, 시간과 공간의 차원을 넘나들고 그 에너지 장에서 새로운 현실이 창조될 수 있다는 것이다.

모든 사람들이 똑같은 경험을 하거나 결과가 있는 것은 아니다. 저마다의 인연과 자신만의 무의식과 여러 상황에 따라 다른 현실이 펼쳐지지만 중요한 것은 우리가 거울 앞에 앉아 억압된 감정을 정화하는 순간, 우리의 뇌와, 우리의 에너지 장은 우리가 치유가 되는 조건으로 바뀐다는 것이다.

내 안의 감정을 있는 그대로 느끼는 것, 거울을 보면서 지금, 현재 내가 느끼고 있는 그 감정들을 토해내고, 때론 그 감정을 알지 못하면 모르겠다고 외치면서 지금, 이 순간 자신을 온전히 느껴보는 것이다. 그 반복되는 힘 속에 우리는 이미 치유가 되는 것이다.

0
2

내면의 소리에 귀 기울이다

내면의 소리에 귀 기울인다는 것은 무엇일까? 순수한 내 마음의 목소리에 따라 내 삶을 살아간다는 것은 어떤 것일까?

사례관리를 하면서 제일 중요한 것이 욕구 파악이다. 대상자의 지금, 현재 요구사항이 아닌 진정한 욕구 파악이 이루어져야 장단기 목표가 정해지고 서비스 계획이 수립된다. 내 안의 욕구, 내가 진정 원하는 것이 무엇인지 알 때 내 삶의 목표가 더욱 뚜렷해지고 명확해진다.

내가 정말 무엇을 원하는지 안다는 것, 그 앎을 내 생활에서 어떻게 느끼며 선택할 수 있을까? 외부의 세계가 아닌 내부의 세계에 집중할 때 그 마음을 느낄 수 있는 것이다.

대학 졸업하기 전부터 가정폭력, 성폭력 상담센터에서 근무하였다. 가족학을 전공한 나는 상담센터에서 일을 하고 싶은 마음에 수습 기간을 거쳐 여성인권단체인 비영리기관에서 일을 하게 되었다. 그때 당시 첫 급여가 90만 원 정도였다.

정말 쉽지 않은 일들이었지만, 그 어떤 조건도 생각하지 않고 오로지 내가 하고 싶었던, 내 마음이 원하는 곳에서 원 없이, 내 열정을 다했던 기억이 난다. 지금도 그때를 생각하면 심장이 뛰는 곳, 열정 충만하던 곳으로 기억된다. 20대의 청춘과 젊음이 한몫했겠지만 내가 원하고 하고 싶은 일을 할 땐 내 가슴이 먼저 알아차린다.

하지만 나이가 들면서, 내 역할이 많아지면서, 책임감이 늘어나면서 타인의 시선에 민감해지고 내 주위에 둘러싸인 환경에 따라 내 삶을 살아가게 되었다.

내 자신이 아닌 사회적 통념, 나의 고정 관념 등에 휩싸여 내가 원하고 내 마음이 가고자 하는 것보다 사회적으로 조금 더 올바른 길, 안전한 길들을 선택하며 살게 된 것이다.

그 여러 가지 역할에 맞춰 살아가야 하는 속에서 내 의지와 상관없이 몇 년 동안 나를 잃어버린 삶을 살게 되었다. 그동안 얼마나 내 욕구와 내 느낌들을 억압하며 살아왔을까?

내가 어떻게 할 수 없는 상황들이 되풀이될 때마다 좌절감을 느꼈다. 내가 할 수 있는 것이 아무것도 없다는 것을 알게 되면서 존재에 대한 가치, 즉 자존감이 바닥에 이른다. 그리고 나에게 일어난 일들을 모두 부정하고 거부하면서 세상에서 가장 괴로운 사람으로 만들었다. 내 자신을 잃어버린 시간이었고 가장 자기답게 살지 못했던 시간들이었다.

『그리고 모든 것이 변했다』 저자 아니타 무르자니는 이렇게 얘기한다.

"가슴을 따르세요. 열정을 거침없이 삶을 사세요. 그리고 무엇보다 삶을 즐기세요. 자기 자신이 되세요. 그저 진실한 자기 자신이 되세요. 자기감정을 잘 살피고, 당신 자신이 되세요. 그러기 위해 지금 모습대로 만들어진 것이에요."

　　　　　　　　　　　　　－ 아니타 무르자니 인터뷰(참고 : 〈샨티TV〉) 중에서

아니타 무르자니는 암 말기 환자였으나 임사 체험을 하면서 완전히 새로운 삶을 살게 된다. 죽음에 이르러 암은 두려움과 자기 사랑의 부족이 합쳐진 결과였음을 알게 되었으며 삶의 두려움들을 어떻게 극복할 수 있는지 깨닫게 된다.

"내 행동이 '행위함'에서 나오는지 '존재함'에서 나오는지 보려면 매일매일 결정을 내릴 때 어떤 감정이 뒤따르는지 보기만 하면 된다. 결정의 동기가 두려움인가, 아니면 열정인가? 내가 날마다 하는 모든 행동들이 삶에 대한 열정에서 나온 것이라면 나는 '존재'하는 것이다. 하지만 내 행동이 두려움의 결과라면 나는 '행위하는' 상태에 있다."

— 아니타 무르자니, 『그리고 모든 것이 변했다』

나는 이 순간 존재하고 있는 것이 아니었다. 내 스스로 두려움과 괴로움 속에 머물러 있었다. 그 감정에 빠져 나의 진정한 목소리를 듣지 못하며 살았다. 내 마음의 이야기를 들으려면 나를 만나야 한다. 외부 세계로 뻗어 있던 에너지를 온전히 나에게 집중해야 한다. 생각이 많으면 내면의 소리를 듣기가 어렵다. 그 한 생각에 사로잡혀 감정과 몸이 하나가 되어 그것이 나라고 여기기 때문에 그것을 알아차리기가 힘든 것이다.

아이러니하게도 내 생활이 안정되고 그럭저럭 괜찮은 삶을 살고 있을 때 나를 돌아보는 시간을 갖는 것조차 생각하지 않았다. 하지만 내 삶이 힘들고 그 고통의 끝을 보고자 할 때 비로소 나를 들여다보게 된다.

깊은 새벽 거울과 마주앉아 나를 들여다보는 시간. 그 어떤 것에도 방해받지 않으며 온전히 나에게 집중하는 것만으로도 내 가슴에 느껴지는 평온함과 감사함, 사랑이 느껴진다. 그리고 어떤 것에 대한 판단도 분별도 하지 않고 오로지 나를 들여다보고 지켜볼 때 나의 진정한 내면의 소리를 느낄 수 있다.

이 내면의 소리는 내 삶의 방향을 안내하는 안내자이다. 매 순간의 선택에서 진정 내가 원하는 삶, 텅 빈 근원의 마음, 순수의식이 내어주는 삶을 살아가게 하는 것이다.

그렇기 때문에 우리는 내 몸에서 느껴지는 감각들에 대해 깨어 있으며 그 느낌을 통해 내가 진정 무엇을 원하는지에 대한 욕구를 알아차리는 것이다.

무엇을 선택하거나 결정할 때 긴장이 된다거나 몸에 불편함을 느낄 때 이 느낌이 부정적인지 긍정적인지 알아차리는 것이다.

내 삶에서 한 발짝 물러서 나를 관찰하지 않으면 그것을 알아차리는 것이 쉽지 않다.

거울명상을 하면서 내 몸을 느끼고 내 마음을 느낀다. 매일 새벽 불편한 곳은 없는지 그 전날 해결되지 않은 감정이 무엇인지 가만히 지켜보고 있으면 그 감정에 따라 호흡이 달라진다. 내 무의식과 에고에 의한 소리들도 들린다. 무한한 생각들과 감정들로 요동칠 때도 있다. 그렇게 내 마음이 일어나는 것들을 가만히 지켜보면 어느새 호흡이 안정됨을 느낀다. 그리고 그렇게 감정들을 흘려보내고 나면 텅 빈 근원의 마음, 순수의식의 마음에서 느껴지는 삶에 대한 충만함과 감사함이 느껴진다.

이것이 아니타 무르자니가 말한 온전히 자기 자신대로 살아가는 사랑이지 않을까.

나 자신이 사랑임을 자각하며 내 안의 소리에 귀 기울인다면 내 삶이 축복이고 선물이지 않을까? 어떻게 열정적인 삶을 살지 않을 수 있을까?

이러한 삶을 살기 위해 난 매일 거울을 들여다볼 것이다. 그리고 나의 진정한 내면의 목소리를 느낄 것이다.

0
3

감정도 흘러가는 에너지다

감정은 움직이는 에너지고 파동이다. 양자역학에서는 물질의 본질은 파동이고 이것은 진동하는 에너지라고 한다. 진동하고 있는 모든 것은 각각 고유의 진동수와 파동을 지니고 있으며 고유의 주파수를 가지고 있다. 우리의 몸도 진동하는 에너지로 신체 모든 것이 갖는 고유의 파동과 진동수를 가지고 있다.

거울명상을 하고 열흘 정도였을 때 타원형의 도넛 모양의 파란빛이 번쩍였다. 그 빛의 색깔은 우리가 일반적으로 알고 있는 색깔로 표현하기가 어려울 정도로 더 푸르고, 더 선명하고, 강렬했다. '이것이 빛이고 에너지 파동이라는 것이구나.' 거울명상으로 감정이 에너지 파동이라는 것을 내 육안으로 처음 확인한 순간이었다.

그리고 며칠 후 눈에 빨갛게 실핏줄이 터져 있었다. '내가 새벽에 일찍 일어나 너무 무리했나.'라고 생각했지만 지금까지 밤을 새며 일을 해도 실핏줄이 터지는 일은 없었기에 의아했다.

『거울명상』에서는 억압된 감정에너지가 물질화되면서 몸을 통해 빠져나가는 것을 이렇게 표현하였다.

"부정적 감정을 마음속에서 올라올 때 내가 외면하지 않고 올라오는 그대로 인정해주려고 느껴주었다면 그냥 에너지의 물결로 마음속으로 흘러갔을 것이다. 하지만 내가 억눌러 놓았기 때문에 … 생명체가 된 것이다. … 물질화되기 이전에 그 존재를 인정해줬더라면 마음 차원에서 사라졌을 텐데. 몸을 통해 빠져나갈 때 생명체들이 죽음의 공포와 아픔을 느낀다. … 그래서 코피가 나고, 눈 핏줄이 터지고, 트림, 방귀, 혈뇨가 나오고 몸살이 나는 등의 온갖 몸 반응이 일어난다."

— 김상운, 『거울명상』

거울을 통해 빛의 현상으로 또는 몸의 반응을 통해 보여주는 것 모두 감정이 에너지라는 것을 알 수 있었다.

이것은 '심신의학의 창시자'인 미국의 디팩 쵸프라 박사가 얘기하기를 "정신과 육체는 하나의 에너지 장에 있다. 당신이 에너지 장을 이용한다면 마음의 변화를 통하여 육체의 변화를 만들어낼 수 있다." 그러기에 감정을 억압하지 않고 그 감정을 지켜보고 인정하고 흘려보내는 것이 우리의 정신과 몸의 건강을 위해 얼마나 중요한 일인가….

불안과 두려움, 열등감, 죄책감 등의 부정적 감정이 올라올 때 우리는 불쾌한 마음이 들면서 애써 그 감정들을 우리의 무의식 저편으로 켜켜이 쌓아두며 억압한다. 불편하고 생각하면 괴로워 내가 스스로 인지하기도 전에 그냥 습관처럼 그러한 감정들을 억눌러버린다.

이럴 때 이것을 자각하고 그 감정들이 올라오면 있는 그대로 인정하고 느껴준다면 그냥 흘러가는 강물처럼 그렇게 흘러갈 것을 우리의 몸에 그 감정들을 가둬버리게 되는 것이다.

조 디스펜자의 『당신도 초자연적이 될 수 있다』에서 말한다.

"시간이 흘러 몸이 감정을 가진 마음이 되고 감정인 에너지가 한 곳이든 두세 곳이든 낮은 에너지 센터들에 갇히면 몸은 말 그대로 과거에 살게 된다. 새로운 운명을 만드는 데 쓸 에너지가 더 이상 남아 있지 않다는 뜻이다."

— 조 디스펜자, 『당신도 초자연적이 될 수 있다』

그렇기 때문에 난 그동안 손 하나 까딱하기 힘들 정도로 무기력한 상태로 있었던 것이다. 그동안 억눌렸던 부정적 감정들이 내 몸 안에 갇혀 과거에 머무르면서 생존을 위해 살고 있으니 남아 있는 에너지가 없었다. 쉽게 생각하면 흔히 우리는 일상에서 몸이 무겁다, 몸이 가볍다고 표현한다. 어떤 일을 할 때 두렵고 힘들다고 느껴지면 그것을 이루기 위해 몇 배의 애를 쓰고 힘이 들어간다. 그리고 자신 있다고 느껴지거나 기쁜 마음, 즐거운 마음으로 일을 하면 힘든지도 모르고 그 일을 끝마치는 경험들이 있을 것이다. 그것들이 감정의 에너지에서 비롯된 현상인 것이다.

퇴근 후 아이들을 돌보고 저녁을 챙기는 것이 너무도 힘든 일상이었고, 주말 오전에는 일어나는 것조차 힘들어하던 내가 매일 새벽에 일어나 거울명상을 하고, 책을 읽고, 글을 쓰고 있는 것 자체가 기적과도 같은 일이다. 아무리 내 삶을 변화시키겠다고 의도를 가지고 의지를 불태워도 작심삼일과 같이 다시 되돌아가고, 그 과거의 감정에 매몰되어 똑같은 일상이 반복되는 삶에서 이렇게 움직일 수 있다는 것은 생존을 위한 삶이 아닌 더 높은 주파수대의 의식으로 삶이 변화되어가는 것이다.

한 생각에 사로잡혀 그 생각으로 느껴지는 감정들에 집중하고 그 감정에 더 큰 힘을 실어주었다. 생각하면 할수록 더 강해지고, 애써 그 감정들을 잊어버리려 싸워보기도 했지만, 그것은 내 의지대로 잊어버릴 수 있는 성질의 것이 아니었다. 끊임없이 나를 쫓아왔으며 이젠 괜찮겠지 하고 돌아서면 또다시 나타나 괴로움을 느껴야만 했다.

감정이 갖고 있는 성질과 각각의 고유한 주파수를 가지고 있다. 부정적 감정도 단지 자연적인 성품이지 않을까? 우리가 할 수 있는 건 그러한 감정들을 단지 지켜보고 인정하고 흘려보내는 것이다. 불안하고, 두렵고, 속상한 것은 그 감성이 가진 자연적인 성품인 것이지 '내'가 속상한 것이 아닌 것이다.

그것을 알아차리고자 거울명상을 한다.

어떤 사건으로 내 감정이 매우 불편하고 부정적 감정이 올라올 때, 그것에 생각이 더해지고 그 감정들이 증폭되면서 풍선처럼 부풀어 오르거나, 마음의 압력이 꽉 차서 곧 폭발할 것처럼 느껴질 때가 있다. 모든 초점은 외부에서 일어난 일에 대해 집중하게 되면서 그것이 환경이든, 누구 때문이든 정작 내 마음에서 일어나는 일을 전혀 알아차리지 못하게 된다.

그 찰나, 그 순간 나에게 집중하며 그로 인해 느껴지는 감정들을 단지 지켜보며 인정해주면 어느 순간 그 감정들은 사라지고 없는 것을 느낀다. 더 이상 그 감정들은 몸에 쌓이지 않고 그냥 흘러가게 된다.

그동안 우리는 얼마나 많은 감정들을 이렇게 몸에 가둬놓고 마음을 닫으면서 살았을까….

거울명상을 하면서도 감정들이 더 많이 올라오고 더 크게 나타날 때도 있었다. 이상하게 더 예민해지면서 정화한다는데 왜 이럴까 의문이 생길 때도 있다. 하지만 중요한 것은 그런 상황에서 그 감정이 올라오는 것을 느끼고 내가 그렇게 예민한 반응을 보이거나 아니면, 더 큰 화를 내는 그 상황을 자각하고 있다는 것이다. 그리고 그 감정을 인정하고 흘려보내는 연습을 계속하는 것이다.

더 이상 내 몸과 마음에 그 감정들을 가둬놓지 않고 자연스레 흘러갈

수 있도록, 거울명상 할 때만 알아차리는 것이 아니라 내 삶의 매 순간

알아차릴 수 있도록 말이다.

0
4

감정에 좋고 나쁜 것은 없다

우리는 감정에도 이분법적으로 좋고 싫음을 규정짓는다. 어렸을 때부터 즐겁고, 행복하고, 만족감을 느끼는 것은 좋은 것, 슬픔, 분노, 짜증은 나쁜 것이라 여겼다.

단적으로 어렸을 때를 생각해보면 까르르 웃고 즐거울 땐 엄마도 같이 웃어주고 예뻐한다. 하지만 동생과 싸우거나 무엇인가 마음에 들지 않아 울거나 짜증을 내면 울지 말라고 다그치거나 화낸다고 혼난 적이 있다. 그럴 때 '울면 안 되고 화도 내면 안 되는 거구나.'라고, 이것은 나쁜 것이라 받아들였다.

우리는 다양한 감정들을 느끼며 산다. 슬픈 상황에서 슬픔을 느끼고, 화가 날 땐 분노를 느낀다.

상황에 맞춰 느껴지는 감정들은 당연한 것이다. 하지만 유독 우리가 얘기하는 부정적 감정들이 느껴질 땐 왜 이렇게 받아들이기가 힘이 들까? 우리의 약점을 직면하기 때문에 불편하고 힘들고 싫다고 느낀다. 그렇기에 계속 밀어내려 하고 그 감정은 나쁜 것으로 치부해버린다.

감정은 고유의 특성을 가지고 있으며 하나의 에너지로서 단지 각각 낮거나 높은 주파수대를 가진 것뿐이다. 그런데 그동안의 경험을 통해 인지적으로 그것이 나쁘다, 좋다고 판단하고 있는 것이다. 좋은 것은 계속 가지고 싶고, 싫은 것은 배척하려는 습관들이 좋은 감정이 올라오면 그것에 계속 취하고 싶고 싫은 감정이 올라오면 빨리 벗어나고 억압하려 했다.

아이가 짜증을 낼 땐 나는 참을 수가 없다. 그 짜증을 내는 그 소리에 나는 예민해지고 민감하게 반응한다. 내가 심리적으로 안정된 상태에서는 "오늘 속상한 일이 있어?"라고 물어볼 여유가 있지만 그렇지 않을 경우 나 또한 짜증과 화가 올라온다. 이상하리만큼 그 상황이 나에게는 참을 수 없는 불편함이고 마치 화재 현장에서 재빨리 불을 꺼야 할 것만 같은 마음이 앞선다. 먼저 아이의 마음을 살피기보다는 화내고 짜증내지 말라고 다그친다.

나 스스로 그런 감정들이 불편하고 나쁜 것이라고, 어린 시절 경험했던 그 감정들이 무의식적으로 먼저 반응하게 된다.

많은 육아서에서 욱하지 말고, 아이의 감정에 공감하라고 하지만 정작 내 삶에서 적용할 땐 쉽지 않다. 지금까지 우리의 감정이 무엇이며 어떤 상황에서 어떤 감정을 느끼고 그 감정들을 적절하게 처리하는 방법을 제대로 배운 적이 없다. 각자의 가정에서 부모가 해왔던 방식대로 그냥 그렇게 몸으로 체득한 것이다.

지금은 유튜브나 강의, 육아서 등으로 양육을 어떻게 해야 하는지에 대한 정보가 많다. 하지만 우리 부모 세대는 먹고사는 것에 바빴으며 그렇게 육아서나 정보를 가지고 아이들을 양육하지 않았다. 나는 우리 부모 세대에서 배운 방식이 몸으로 체득된 상태에서 여러 육아서를 통해 배운 방법으로 아이들을 양육하자니 괴리감이 생겼다. 머리로는 이해되는데, 내 몸과 마음은 그렇지 않은 것이다.

아이를 양육하면서 내 억압된 감정의 무의식과 현실이 더욱 팽배히 맞선다는 느낌이 들었다. 아이가 떼를 쓰거나 막무가내로 울 때 머리로는 육아서에서 배운 대로 아이의 감정을 허용하고 어떤 감정이든 안전하게 수용되는 것을 느낄 수 있도록 해야 한다는 것을 알면서도 막상 그 상황에서는 내 감정이 앞선다는 것을 알게 된다. 그러면서 또다시 죄책감이 올라온다. 그 죄책감은 다시금 나의 무의식으로 저장되고, 매번 그 죄책감을 느껴야 하는 현실이 펼쳐지는 것이다.

『감정의 발견』의 저자 마크 브래킷은 어린 시절 학교 폭력과 성적 학대, 왕따와 외톨이로 두려움과 분노 속에 불행한 시절을 보냈다.

알코올 의존증의 어머니와 아들에 대한 분노, 걱정, 실망하는 아버지 밑에서 삶의 대부분을 분노의 감정으로 살았다. 이 저자의 부모는 자신들의 감정뿐만 아니라 자녀의 감정을 다루는 방법을 전혀 알지 못했다. 그렇게 점점 감정에 무심해지고 마음을 닫고 살다가 교사인 삼촌을 통해 삶이 바뀌었다. 학교 폭력과 성적 학대까지 당했으니 마음 깊은 곳에 트라우마를 인식하고 저자에게 인생을 바꿔놓는 질문을 한다. "마크, 기분이 어때?" 진정 조카의 마음을 알고 싶은 진실함과 그 감정에 어떤 평가도 하지 않았다. 이 한마디에 저자는 가슴속 감정의 둑이 일시에 무너지고 당시 겪고 있던 큼직한 일들과 감정들이 한꺼번에 쏟아졌다고 표현한다. 삼촌은 방구석에 틀어박혀 짜증과 반항을 일삼으며 주변을 불편하게 하는 행동 이면에 심각한 문제가 있지 않을까 생각한 유일한 사람이었다. 저자 자신도 인지하지 못한 부분에 초점을 맞췄고 마음껏 감정을 표현할 자유를 선사했다.

감정은 삶에서 매 순간 일어나는 것이고 인간으로서 삶을 구성하는 일부분이며 살아가는 데 매우 중요함에도 우리는 그냥 대수롭지 않게 치부했던 것은 아닐까….

거울명상을 하면서 스스로에게 '지금 기분이 어때?'라고 물어본다. 내가 지금 느끼는 감정을 인식하고 그 감정과 그 감정이 발생한 원인을 알아본다. 그 감정이 어떤 감정인지 좋고, 나쁨, 행복, 슬픔처럼 단순한 것이 아니라 구체적으로 그 감정이 어떤 감정인지 느껴본다. 그리고 그 감정을 억누르거나 억압하지 않고 있는 그대로 인정하고 허용하는 것이다.

부정적 감정이 없거나 느낄 수 없다면, 항상 즐겁고 행복하다면 장례식장에서 슬픔에 잠겨야 할 때 혼자 행복감을 느끼고 즐거워 웃는다면, 아이들이 친구들과 장난치며 뛰어갈 때 건널목에서 자동차에 대한 두려움이 없다면 그냥 건널목을 뛰어가지 않을까? 모든 감정은 우리가 살아가면서 필요한 감정이며 뇌에서 시스템으로 움직인다는 것을 알 수 있다. 중요한 것은 그 감정 자체가 아니라 그것을 우리가 어떻게 받아들이느냐는 것이다. 두려움, 슬픔, 좌절감, 죄책감, 미움, 분노, 원망, 불안 등 부정적 감정이라고 하는 이 감정이 나쁜 것이 아니라 이러한 감정에 대한 우리의 반응인 것이다.

어느 새벽 거울 앞에서 명상을 하는데 새소리가 들린다. 오늘 따라 새소리가 너무도 예쁘게 들리면서 '내 기분이 좋은가?'라는 생각이 떠올랐다. 만약 '기분이 좋지 않은 날이면 저 새소리도 짜증날 수 있겠네.' 그럼 새소리가 좋다, 나쁘다고 구분 짓는 것은 무엇일까?

새소리에 감정을 두지 않는다면 그냥 새소리일 뿐이다. 그것이 좋다, 나쁘다 구분 짓고 문제 삼기 전에는 아무 문제도 아니다.

새소리가 나의 남편, 아이들, 삶의 시련이라면 그런 상황 속에 내가 느끼는 감정들 속에 휘말려 이것은 나에게 큰 문제라고 생각하는 순간 고통을 느끼는 것은 아닐까?

이 감정들 또한 생각으로 일어난 몸의 반응이며, 지난 경험들의 화학적인 산물인 것을…. 내 스스로 좋다, 나쁘다 규정지으며 그것에 매몰되어 있는 것이다.

좋고 나쁠 것도 없다. 새소리가 들릴 때와 안 들릴 때, 고통이 느껴질 때와 안 느껴질 때가 한결같은 것. 나의 텅 빈 근원의 마음으로 순수의식으로 지켜볼 땐 그 모든 것이 그냥 단지 나타나고 사라지는 것이다.

『거울명상』에서는 감정도 짝이 있다고 한다. 사랑과 미움은 둘이 아니다. 감정의 좋고, 나쁨으로 구분 짓지 않으며 그 모든 감정들을 함께 인정하고 받아들인다.

그 한결같음을 위해 나는 거울명상을 하는 것이다.

0
5

무거운 감정 덜어내기

머리가 묵직하게 아프다. 뒷덜미부터 시작되어 머리 뒤쪽으로 통증이 심하게 느껴진다. 술을 많이 마신 다음 날 숙취로 머리가 깨질 듯 아픈 것처럼 두통이 심해졌다.

첫째 아이의 귀 안에 있는 알 수 없는 종양으로 가슴 조리던 때의 일이다. 서울대학병원까지 먼 거리를 오가며 검사하고 결과를 기다리면서 그 병원에서 느꼈던 무서움, 불안, 공포, 두려움들과 싸우던 그때. 내가 지금까지 느꼈던 부정성의 총 집합체가 몸으로 나타났다. 그 이후부터 스스로 감당하기 힘든 압박감이 느껴질 땐 어김없이 이런 두통이 유발된다. 나의 이런 감정들이 내 몸에 갇히면서 나타난 증상이었다.

조 디스펜자는 『당신도 초자연적이 될 수 있다』에서 이렇게 얘기하고 있다.

"이러한 걱정, 두려움, 불안, 좌절, 분노, 불신 등의 생존 감정에 갇혀 꼼짝 못하고 있다면 우리는 우리 몸을 둘러싼 이 에너지와 정보, 빛을 갖지 못한다. 주파수와 빛, 에너지가 느려지고 일관성을 잃게 되면 우리는 에너지보다 물질이 되고 끝내는 몸이 병들기 시작한다."

– 조 디스펜자, 『당신도 초자연적이 될 수 있다』

책에서는 바로 그렇기 때문에 명상을 하는 것이라고 이야기한다. 주파수를 질서정연하게 만들기 위해서다. 무거운 감정, 즉 주파수가 낮은 물질 형태의 감정인 불안, 두려움, 분노, 좌절, 죄책감, 열등감, 우울 등의 감정이 올라올 때 그 감정들을 억압하지 않고 있는 그대로 인정하고 흘려보낸다. 내 안의 텅 빈 근원의 마음, 순수의식, 우리가 온전한 존재임을 자각하면서 감사와 사랑의 마음이 흐를 때 우리는 물질에서 에너지로 전환되며 질서정연하고 일관성 있는 삶을 살 수 있다.

한때 이러한 불안과 괴로운 마음에서 벗어나고자 긍정 확언을 한 적이 있다. 하지만 아무리 긍정적인 말을 되뇌어도 현실에서 바뀌지 않는 경험을 한다. 이것과 관련하여 조 디스펜자는 다음과 같이 말한다.

"변화는 오직 생각과 우리 몸의 감정 상태가 가지런히 정렬될 때에만 일어나기 때문이다. 원하는 것은 뭐든지 맘껏 생각할 수 있지만 그에 상응하는 느낌이나 감정이 없다면 우리 몸은 그 메시지를 이해할 수도 느낄 수도 없다. 기진맥진해질 때까지 '나는 두렵지 않다'라고 긍정 문구를 반복할 수는 있어도, 당신이 실제로 느끼고 있는 것이 두려움이라면 '나는 두렵지 않다'는 생각은 결코 뇌간 이상을 통과하지 못한다. 당신이 원하는 새롭고 구체적인 운명에 대한 신호를 몸과 자율신경계로 보낼 수 없다는 말이다."

— 조 디스펜자, 『당신도 초자연적이 될 수 있다』

내가 아무리 긍정적으로 생각한다 하더라도 내 생각과 몸에서 느껴지는 감정이 불일치할 경우, 우리는 그 상태에서 벗어나기가 쉽지 않다.

서울대학병원에서 아이가 검사하는 동안, 수면마취에서 깨어날 때 기도가 살짝 막혀 호흡이 잘 이루어지지 않고 의식이 돌아오지 않는 그 순간 '괜찮을 거야', '두렵지 않아'라고 수만 번 되뇌이면서도 가슴이 미친 듯이 쿵쾅거리며 불안한 그때가 생각난다.

나는 '괜찮을 거야, 무섭지 않아, 두렵지 않아'라고 생각하고 있었지만 내 몸은 극도의 불안감으로 휘감겨 있었다.

그러한 상황에서 그 불안과 두려움을 억압하지 않고 온전히 인정하고 흘려보내기란 쉽지 않다. 죽음이라는 공포에서 느껴지는 그 감정은 우리가 일반적으로 느끼는 감정들보다는 더없이 무겁고 버겁게 느껴진다.

이러한 감정들을 정화하기 위해선 거울을 보면서 명상 몇 번 한다고 바로 변화가 일어나지는 않는다. 조 디스펜자는 치유는 기적이 아니라 훈련이라고 말한다.

"치유가 일어나기 위해서는 어느 정도 훈련이 필요합니다. 그리고 마침내 자기 자신을 넘어서는 순간에 도달하면, 그때 기적이 일어나는 것입니다. 몇 번이고 반복적으로, 처음에는 어려워요. 왜냐하면 몸 안에 당신이 갇혀 있으니까요. 많은 사람들이 명상을 하기 시작하면서 '좀 나아졌나?'하고 자꾸 살핍니다. 하지만 그렇게 살피는 순간 우리는 이미 과거의 자기로 돌아가고 말아요. 새로운 자기라면 '나아졌나?'하고 살피지 않을 거예요. 왜냐하면 새로운 자기는 이미 '나아진 상태'에 머무르고 있기 때문이죠. 새로운 자기로 거듭나는 것은 꾸준히 실천을 통해 발전시켜 가야 하는 하나의 과정입니다. 계속 실천하고, 계속해서 알아차리는 과정이에요. 시간이 걸리는 일이죠." (참고 : 유튜브 〈산티TV〉)

거울명상 도중 외부의 자극으로 인하여 또다시 내 마음의 갈등과 함께 과거로 되돌아가려는 나를 보게 되었다. '이정도면 할 만큼 하지 않았니? 계속 할 거야?' 하는 마음이 들었다. 에고는 나에게 "이 정도 했으면 많이 했어."라고 말하는 듯했다. 만약 내가 거울명상을 그만두게 된다면 나의 예전의 습관대로 되돌아갈 것 같았다. 그 예전 에고에게 속았던 것처럼…. 내 주위 상황들은 더 이상 내가 원하는 방향이 아닌 다른 방향으로 나를 이끌려는 모습을 보게 된다.

항상 깨어 있으라는 말이 이 순간 그렇게 깨어 있지 못한다면 내 감정에 휩싸여 또 예전과 같은 생각과 행동으로 삶을 대하고 있을 것이 분명했다.

이젠 그 순간이 자각되고 더 이상 그것에 속지 않은 것을 알게 되는 것이다. 혹여나 그 감정에 휩싸여 예전으로 돌아간다 하더라도 다시 이 순간으로 돌아올 수 있다는 것을 알게 되었다.

그렇게 무거운 감정들을 덜어내는 작업들을 하고 있는 것이다. 거울명상이 도깨비 방망이처럼 뚝딱하고 나의 억압된 감정과 무의식을 정화하는 것이 아니다. 매 순간 내가 무엇을 느끼고 있는지 어떤 감정인지 알고 있는 것이다. 그리고 그 감정에 매몰되는 것이 아닌 텅 빈 근원의 마음, 순수의식으로 지켜보는 것이다.

때론 더 깊은 감정의 수렁 속에서, 그 상처와 내 모습을 부정하며 외면하고 싶을 때도 있다. 그럴 땐 거울 보기가 더욱 힘이 든다. 이러한 감정들을 '정화해야 하는데'라는 강박으로 또 다른 감정을 덧칠할 수도 있다.

이 순간 이러한 무거운 감정들과 그런 감정을 느끼게 된 상황들은 내 삶의 창조를 위한 내 삶이 알려주는 기회라는 것을 이제는 안다.

마이클 싱어가 자신의 직원으로 인하여 법정 공방까지 갈 때도 묵묵히 명상을 하며 있는 그대로 모든 것을 받아들였던 것처럼 지금 나에게 일어난 시련은 나의 억압된 감정과 무의식을 정화할 수 있는 기회인 것이다.

마이클 싱어는 『상처 받지 않는 영혼』에서 이러한 과정을 놀이라고 표현한다. 생명을 가진 존재들은 생존의 본능이 있는데, 자기 자신을 보호해야 할 상황이 오면 '가슴을 닫아버린다'는 것이다. 문제는 너무 예민해서 작은 것에도 과민반응을 하는 것이다.

"그 변화를 감지하는 순간 어깨에 힘을 빼고 가슴 주위를 이완하세요. 에너지가 움직이기 시작하는 순간 그저 힘을 빼고 놓아보세요. 약이 오르는 느낌, 화가 나는 느낌을 놓아 보내고 이 감정이 뒤로 떨어져 나오는 이 놀이를 즐기세요."

– 마이클 싱어, 『상처 받지 않는 영혼』

그렇게 나는 거울명상으로 내 삶의 무거운 감정들이 더 이상 몸과 마음에 갇히지 않도록 텅 빈 근원의 마음, 순수의식으로 단지 지켜본다. 그리고 감사와 사랑으로 나의 모든 것을 포용하고자 한다.

0
6

내 아이를 통해 나의 억압된 감정을 바라보다

내가 결혼을 하고 부모가 되고 아이를 키우면서 내 마음의 억압된 감정들이 무엇인지, 또한 나와 부모와의 관계에 대한 생각들을 많이 하게 되었다. 아이들을 키우면서 자신을 더 많이 알게 되고 어렸을 땐 이해되지 못했던 부모님의 모습도 어느 순간 그것이 최선이었다는 것을 알게 된다. 그 옛날 어렸을 때 엄마 아빠가 큰 어른으로 보였지만 지금 생각해 보면 나보다도 어린 나이에 아이들을 양육하며 삶을 살아오셨다. 그렇게 우리 부모님도 아이를 낳으면서 처음 부모가 되어 혼란 속에 우리를 키웠을 것이다.

첫째 돌 무렵 복직으로 인하여 친정 부모님께서는 지방에서 우리가 사는 아파트로 이사 오셨다. 온전히 손녀를 돌봐주시기 위해 생업도 잠시 접으시고 1년 가까이 아이를 봐주시면서 이분들이 나의 부모님이 맞나 라는 생각이 들 정도로 아이를 진심으로 돌봐주셨다. 그 당시 친정아버지께서는 "다시 옛날로 돌아간다면 아이들을 잘 키울 수 있을 것 같다." 라고 하신 말씀이 기억난다.

그렇게 엄하고 무서웠던 아빠가 자상한 할아버지로 바뀐 것이다. 그동안 삶의 경험과 연륜으로 우리에게는 그렇게 무서운 아빠였지만 손녀에게는 자상한 할아버지로 새롭게 아이를 키우고 싶었던 마음인 것이다. 그렇게 아이의 어떤 감정이든 모두 허용하고 받아들이면서 무조건적인 사랑을 보여주셨다.

내가 기억하는 아빠는 화가 나면 눈썹이 하늘로 올라가는 무서운 아빠였다. 한번은 중학교 때 지갑을 잃어버려서 아빠에게 지갑을 잃어버렸다고 얘기한 적이 있다. 지갑을 잃어버린 것도 너무 속상한데 아빠는 내 마음보다는 눈썹이 하늘로 올라가면서 "어떻게 하다가 잃어버렸어?"라고 아빠에게 혼난 적이 있다. 그 이후 난 가방에서 지갑이나 찾는 물건이 없을 땐 순간 가슴이 철렁 내려앉는 기분을 종종 느껴야 했다.

거울명상을 하면서 우리 무의식에는 나의 억압된 감정뿐만 아니라 우리 부모님의 억압된 감정들과 조부모, 그 윗대 조상들의 억압된 감정들이 저장되어 있다는 것을 알게 되었다. 바로 내 아이의 모습을 보면서 나의 억압된 감정을 마주하게 되고, 나를 보면서 우리 부모님의 억압된 감정이 무엇인지 알게 된 것이다.

그러니 지금 억압된 감정과 무의식을 정화하는 작업이 얼마나 중요한 일인지, 아이가 있는 부모라면 자신의 내면을 들여다보는 작업이 얼마나 중요하고 소중한지를 매 순간 느낄 수 있었다.

나는 부모님의 잦은 다툼을 보며 살아왔다. 경제적 이유가 제일 큰 부분도 있겠지만 살면서 서로 맞춰가는 과정 속에 부모님 간의 불화가 심했다.

그 당시 엄마 아빠가 싸우면 엄청난 큰일이었고 무서웠다. 지금 내가 남편과 별일 아닌 일에 언성 높여 싸울 땐 딸아이가 "엄마 아빠 싸울 땐 지진 나는 것 같아."라고 말한 것과 같이 아이 입장에선 부모가 전부이기에 부모의 싸움은 불안 그 자체였을 것이다.

하지만 정작 당사자인 부모들은 아이들과 다르게 싸워도 그렇게 크게 느껴지지 않는다는 것을 결혼을 하고 나서 알게 된 것이다.

부모가 싸울 때 아이가 느끼는 감정이 무의식적으로 어떻게 적용되는지 『거울명상』에는 이렇게 표현하고 있다.

"부모가 심한 불화로 싸운다면 나는 어느 쪽에 붙어야 생존할 수 있을까? … 나는 이러지도 저러지도 못한 채 고통스러워한다. 세상이 불바다로 보인다. 나를 지켜줄 사람은 아무도 없다. 나는 너무나 무섭고 외롭고 슬프다."

– 김상운, 『거울명상』

이러한 감정들이 나의 무의식 속에 고스란히 잠재하고 있는 것이다. 더 많이 인정받고 싶었고 사랑받길 원했다. 또한 타인의 거절이 두려워 안절부절못하기도 했으며, 항상 중립의 입장에서 이쪽도 저쪽도 아닌 상황에 난처하기도 하였다.

이 감정들은 여지없이 딸아이를 통해 나타나기도 했다. 첫애가 어린이집에 다닐 때였다. 졸업을 몇 달 앞두고 어린이집에서 여자아이들의 단짝 친구 만드는 과정에서 나름의 어려움이 있었다. 어린이집 등원을 너무도 즐거워하던 아이였는데 어느 순간 어린이집 가는 것을 힘들어하였다. 급기야 다니던 미술 학원도, 음악 학원도 거부하였다.

무조건 엄마와 함께 있기를 원했으며 엄마가 없으면 슬프다고 표현하였다. 4살 터울 동생이 태어났을 때 엄마의 사랑을 빼앗겼다고 생각했던 모습과, 다른 친구에게 자기의 단짝 친구를 빼앗겼다는 상실감과 불안은 엄마에게 집착하는 모습으로 나타났던 것이다. 필사적으로 나를 붙잡고 있는 아이를 보면서 나의 예전 모습들이 떠오르기 시작했다. 그리고 나와 동일시하면서 아이를 바라보게 되었다. 아이가 커가는 과정 속에 무수히 많은 일들을 겪으며 성장하는 것인데도 나의 불안이 발동했다. 겉으론 초연하려 했지만 혹여나 초등학교에 입학하고 나서도 이런 상황이 발생한다면, 다른 문제 행동들이 나타난다면, 또다시 나는 미래에 살고 있는 것이다.

아이와 함께 지역에 있는 아동청소년정신건강센터에서 상담을 받았다. 면접 상담과 몇 가지 검사를 하면서 다행히 아이에겐 그렇게 심각한 애착 문제가 보이지 않는다는 소견이었다.

그리고 지금 초등학교에 다니면서 언제 그랬냐는 듯 학교에 잘 적응하면서 잘 지내고 있다. 그 당시 온전히 아이의 감정을 다 받아주고 허용하기도 하면서 때론 내가 경험해 보지 못했던 '온전한 수용하기'가 힘들어 좌절을 경험하기도 하였지만 그렇게 아이의 어떠한 감정이든 있는 그대로 받아주고 인정하는 것이 얼마나 중요한 것인지 마음으로 느낄 수 있었다. 그리고 딸아이의 문제가 아닌 것을 안다. 나의 무의식 속에 버림받을 것에 대한 두려움, 거절에 대한 두려움, 인정받고 싶고 사랑받고 싶었던 나의 억압된 감정이 딸의 모습을 통해 나를 보게 된 것이다. 그리고 엄마에게 집착하는 모습은, 끊임없이 무엇인가 배우고 싶어하고 몇 가지 일들을 한꺼번에 벌려놓는 나의 모습인 것이다.

살면서 일어나는 모든 상황들은 그 상황 자체가 문제가 아니다. 또한 그 속에서 느끼는 감정 자체가 문제가 아니라 내가 그것을 어떻게 느끼고, 어떻게 반응하며, 어떻게 받아들이는가 하는 것이다.

아이를 양육하면서 아이를 통해 나의 모습을 발견한다. 더 구체적으로 말하면 나의 억압된 감정들과 직면한다. 또한 지금의 나의 태도로 인하여 내 아이의 무의식에 억압된 감정들이 잠재될 것이다.

그렇기 때문에 난 더 이상 나의 억압된 감정들을 아이들에게 물려주지 않기 위해 매일 새벽 거울을 마주본다. 그리고 텅 빈 근원의 마음, 순수의식으로 나의 억압된 감정들과 무의식을 정화하며 온전한 사랑으로 나를 관찰한다.

0
7

감정의 뿌리 찾기

초등학교 때 일이다. 부모님은 가게를 하고 계셨기에 남동생과 함께 항상 집에서 놀았던 기억이 있다. 그날도 같이 있다가 동생이 밖에서 놀고 싶다고 나갔다. 동생이 나가자마자 남자아이의 우는 소리가 들렸다. 난 그때 가슴이 철렁 내려앉는 느낌을 받았고 동생이 곧 집으로 들어왔다. 골목에서 놀던 형들이 내 동생을 때린 것이다. 크게 다치지는 않았지만 그때 매우 놀랐던 기억이 있다.

이 이야기는 지금도 그 감정이 남아 있다는 것이다. 벌써 수십 년이 지났음에도 난 그때의 그 가슴이 철렁 내려앉았던 그 감정을 지금도 느껴야 했다. 어렸을 때 그 작은 공포는 나의 무의식에서 거대한 공포로 자리 잡은 것이다.

밖에서 '쿵' 하는 소리가 들리면 내 마음도 '쿵' 하고 철렁한다. 혹여나 이 쿵 하는 소리가 나는 이 상황에서 어떤 사람이 다치지는 않았는지, 또한 남편이 퇴근하지 않은 상태에서 밖에서 싸우는 소리가 나면 또다시 심장이 두근거린다. 정말 나와 아무 상관도 없는 일이고 눈에 보이지 않는 소리일 뿐인데 나는 왜 이런 고통을 느껴야 하는 것일까?

그 감정의 실체를 알기 위해 나의 기억을 거슬러 올라갔다. 그 실체 없는 소리의 두려움은 동생의 울음소리와 맞닿아 있었다. 지금 생각하면 전혀 놀랄 일도 아닌데, 동네가 떠나가라 들렸던 그 울음소리에서 동생이라는 것을 직감하고 동생이 사라질 것 같은 두려움에 한순간 휩싸이면서 큰 공포로 다가왔던 것이다.

지금까지 나의 실체 없는 불안은 생존과 관련 있는 것이다. 나는 전혀 기억나지 않지만 동생이 태어나면서 잠시 할머니 댁에 맡겨졌던 적이 있다. 엄마가 데리러 왔을 때 나는 할머니 뒤로 숨었다고 한다. 엄마를 보고 달려가 안긴 것이 아니라 무표정하게 엄마를 데면데면해서 그 상황이 당황스러웠다는 얘기를 들은 적이 있다. 세 살 아이가 느낄 땐 엄마로부터 떨어져 있는 것에 대한 상실감이 매우 컸던 것이다.

그러고 보면 나의 불안은 항상 극단적인 생각으로 연결되면서 남편이 사라질 것에 대한 두려움, 딸이 사라질 것에 대한 두려움, 나의 존재가 사라질 것에 대한 두려움 등으로 귀결된다. 어떤 상황들 속에서 잘못될 것이라는 두려움은 그 존재 자체가 사라지는 것을 염두에 둔 불안이었다는 것을 알게 되었다. 나의 무의식은 이렇게 생존에 초집중하면서 불안을 계속 불러들이고 있었다.

거울명상을 하고, 이 글을 쓰면서 내 감정들에 집중하고 그 감정의 근간이 무엇인지 찾기 위해 나의 무의식을 들여다보면서 오히려 감정 롤러코스터를 타는 듯한 경험을 해야 했다.

혹여나 다시 우울증이 재발한 것은 아닌지 감정 기복이 매우 심해졌다.

나의 상처를 직면하고 알아가는 작업이 결코 만만하고 쉬운 작업은 아니었다. 그만큼 나의 방어 기제 또한 강하게 발동하고 저항이 심하게 나타난 것이다.

이 또한 무의식에서 일어나는 일들이었기에 처음에 이것을 알아차리는 것은 쉽지 않았다.

모든 감정들이 나를 알아봐 달라는 듯 한꺼번에 들고 일어나는 것 같았다. 걷잡을 수 없는 거친 감정에 휩싸이기도 하고 남편과 아이들과의 갈등도 더 크게 나타나기도 했다.

이러한 과정 속에서 나의 불안정함은 불안정한 현실을 나타낸다는 것을 더욱 확신할 수 있었다.

이것은 내 안에서 일어나는 일들이었다. 그렇다고 내 상처를 보는 것이 두려워 멈출 수는 없었다.

내 안에 올라오는 감정을 알아차린다. 이 감정의 이름은 무엇인지, 진짜 나의 감정은 무엇인지 아는 것이다. 그리고 그 감정들을 판단하지 않고 있는 그대로 인정해준다. '그동안 얼마나 힘들었니?', '사랑받고 싶어서, 인정받고 싶어서 그렇게 해매고 있었구나.', '나의 텅 빈 근원의 마음 안에서 마음껏 슬퍼해.' 그렇게 나의 마음속에서 느껴지는 마음들을 거울을 보면서 있는 그대로 표현하고 나를 받아들이고 인정한다. 그리고 흘러가는 강물처럼 그 억압된 감정들을 흘려보낸다.

감정의 몸에서 벗어나 텅 빈 근원의 마음, 순수의식으로 이 모든 것을 지켜보는 것이다. 그럴 때 진정 내 안의 사랑이 느껴진다. 온전히 그 마음들을 다 받아들이고 정화할 땐 내 마음이 텅 비워짐을 알게 되고 그 안에 진정한 감사와 사랑의 마음이 느껴진다.

처음 거울명상을 시작할 때 감정을 잘 느끼지 못하고 지난 과거들을 잘 기억하지 못했다. 하지만 지금은 예전의 그때 상황에서 느꼈던 감정을 현재에서도 동일하게 느끼는 것을 알 수 있다. 해결되지 않은 감정, 즉 억압된 감정들의 인격체는 결코 그냥 사라지지 않는다는 것을, 그동안 무의식에 억압된 감정들로 우리가 인지하지 못한 채 우리가 만들어낸 현실에서 괴로워하고 있었던 것이다.

사실 지난 과거의 감정들을 살펴보면 지금에선 정말 별일도 아닌 작은 일들에서도 어린 나이에 받았던 그 상처는 생각보다 깊었던 것을 알 수 있다. 그렇게 강한 감정들은 우리의 몸에 갇히면서 무한 반복으로 느끼게 되는 것이다.

지금 현재, 이 순간 깨어 있어야 한다. 매 순간 깨어 있으며 지금, 현재 느껴지는 감정을 알아차리는 것이다. 그리고 그 순간 그 감정을 더 이상 억압하지 않고 흘려보내는 것이다. 뇌에 새로운 프로그래밍이 될 수 있도록 끊임없이 반복하는 것이다.

거울명상 도중 억압된 감정에 대해 더 깊이 들여다볼수록 더 큰 감정으로 무기력해질 수도 있으며 회피하고 싶은 마음도 때론 아무 변화도 일어나지 않는다고 포기하고 싶을 때도 있다.

하지만 분명한 건 그 모든 것이 나의 무의식을 정화할 수 있는 기회라는 것이다. 그 고비를 넘기지 못한다면 나는 그 예전의 감정, 내 몸에 갇힌 감정들로 변화되지 않는 똑같은 현실을 계속 반복하게 되는 것이다.

감정의 뿌리를 찾기 위해 나의 과거를 탐색하고, 그때 그 상황에서 내가 느꼈던 감정들을 되짚어보는 과정 속에서 슬픔, 분노, 수치심, 열등감, 불안 등 수많은 감정들과 그때의 상황들을 마주했다. 지금 현재 느끼는 것은 그 예전 과거의 기억인 나의 생각과 몸으로 체득된 나의 느낌, 감정인 것이다. 그리고 그것이 사고의 과정, 즉 생각의 과정임을 알아차리는 것이다. 관찰자 입장에서 더 이상 그 감정과 동일시하지 않고 그것을 지켜볼 수 있다면 분명 거울명상을 하고 체험했던 여러 사례처럼 새로운 현실이 창조됨을 알게 된다.

내 감정이 무엇인지 아는 것, 비록 그 감정의 뿌리가 어디에서 기인한 것인지 모를지라도 현재 느끼고 있는 감정을 있는 그대로 인정하고 정화하는 것이 중요하다.

온전히 나에게 집중하면서 내 감정을 알아가고 억압된 감정을 정화하는 과정 속에 지금까지 알지 못했던 나 자신에 대한 앎이 나타난다.

그리고 항상 나는 온전한 존재로, 텅 빈 근원의 마음, 순수의식으로 나의 모습을 지켜보는 속에 삶을 있는 그대로 받아들일 수 있으며 나 자신이 사랑임을 알게 된다.

4장

—

거울명상으로 나를 사랑하는 법

내 몸과 마음 이완하기

생존을 위해 에너지를 쏟아부으며 살아온 나는 항상 몸과 마음이 경직되어 있다. 작은 자극에도 쉽게 반응하며 불안함을 느낀다. 그렇기에 매 순간 긴장 상태로 생활하고 있으며 언제 어디에 사자가 나타날지 모를 생존의 불안감을 가지고 있는 것이다. 이러한 생활의 반복은 긴장과 흥분을 야기시키는 교감신경계의 이완과 평화, 고요함을 활성화시키는 부교감신경계의 불균형으로 나타났다. 우울증은 나의 생활 전반에 회피하는 모습과 무력감으로 비활동적인 태도를 보였고, 지난 과거를 계속 반추하며 생각의 감옥에 갇혀 있게 하였다.

아무것도 하지 않고 가만히 쉬려고 하면 마음이 불안해오기 시작했다. 분명 나를 위한 쉬는 시간임에도 불구하고 그 시간을 온전히 누리지 못했다. 내 머릿속엔 아이들 점심은 무엇을 줘야 할지? 집안일에 대한 생각들로 채색되어 그 순간에도 내 마음을 내려놓지 못하고 들고 있는 것이다.

허버트 벤슨의 『이완반응—명상은 어떻게 과학적인가』에서는 스트레스 관리와 이완 및 자가 치유와 관련해서 스위스의 노벨 생리의학상 수상자인 월터 R. 헤스 박사에 대해서 이야기한다. 그는 고양이 뇌의 시상하부 일부를 자극함으로써 투쟁—도피 반응과 관련된 변화를 이끌어냈는데, 고양이가 놀랐을 때, 즉 몸이 활처럼 휘고 털이 곤두섰을 때 혈압, 심박수, 호흡률, 근육의 혈류량, 대사율을 증가시켜 투쟁이나 도피에 대비한다는 것이다. 그는 인간도 스트레스 상황에서 비슷하게 반응하는데, 헤스 박사는 뇌의 시상하부의 다른 영역을 자극해서 다른 사실도 증명했다.

"명상을 수행하는 도중에 측정된 생리 변화와 유사한 변화를 일으키는 반응, 즉 투쟁—도피 반응의 정반대 반응이 존재한다."

— 헤스 박사

긴장을 풀고 멈추는 것이 몸과 마음 건강의 핵심이며 그것을 위해 명상을 해야 한다는 것이다.

항상 긴장하며, 우울했던 나는 아무도 깨어 있지 않는 새벽 거울 앞에 앉아 나를 마주한다. 그리고 나의 호흡을 들여다보며 지금 이 순간 나의 모습을 살펴본다.

어제의 기분이 그대로 이어져 거친 호흡으로 시작하는 날도 있고, 아무 일 없었다는 듯 평온한 호흡으로 시작할 때도 있음을 지켜본다.

그리고 거울 속에 비친 나의 표정과 내 몸을 살펴본다. 내 표정을 보는 순간 드는 생각들과 상념이 떠오른다. 그것에 어떠한 평가도 비난도 없이 그냥 그 생각을 지켜볼 뿐이다. 그리고 항상 긴장해 있는 나의 몸은 어떤지 살펴본다. 내 몸에 대해서도 어떤 평가도 하지 않는다. 그냥 그렇게 거울을 바라본다.

내가 거울명상을 할 때 제일 처음 하는 행위이다. 가장 편안한 자세로 그렇게 모든 것을 있는 그대로 바라보며 가장 자연스럽고 편안한 상태로 잠시 눈을 감고 호흡을 관찰한다.

복식 호흡은 부교감신경을 활성화시켜준다. 긴장 상태로 항상 교감신경이 활성화되어 있는 나는 새벽 명상을 통해 의도적으로 교감신경과 부교감신경의 균형을 맞추는 작업을 하는 것이다. 즉 자율신경계의 부조화를 막기 위해 몸을 이완한 상태에서 명상을 하는 것이다.

명상에서 호흡은 매우 중요하다. 아기가 처음 태어나 탯줄을 자르고 자가 호흡을 할 때 복식 호흡을 한다. 아기를 보고 있으면 배가 오르락내리락하는 것을 볼 수 있다. 하지만 나이가 들면서 우리는 그런 아주 자연스러운 호흡을 잃어버리고 가슴으로 호흡을 하게 된다. 그리고 우리는 잠을 자지 않는 매 순간 교감신경과 부교감신경의 부조화를 경험한다.

자율신경계의 균형이 깨어지면 신체 전반에 다양한 증상들이 나타난다. 예를 들어 두통, 어지럼증, 현기증, 수면장애 및 과호흡, 가슴 두근거림과 통증, 기립성 저혈압, 불안장애, 공황장애, 우울증 등이 나타난다.

몸과 마음을 이완하고 부교감신경계를 활성화하기 위한 복식 호흡은 매우 중요하다.

거울명상을 시작할 때와 끝마칠 때 항상 호흡에 집중하는 명상을 한다. 복식 호흡을 위한 가이드를 찾기 위해 알아보면서 『마음이 흐르는 대로』 저자 지나영 교수가 생각났다. 그녀 또한 자율신경계의 질환으로 투병 생활을 해왔기에 누구보다 호흡 명상에 관심이 있을 것이라 생각했다. 그녀가 운영하는 유튜브 〈닥터지하고〉에서 오랜 친구인 닥터 사라 디메스(Sarah Dihmes)와 함께 복식 호흡 명상에 대한 영상을 찾을 수 있었다. 지금 바로 몸과 마음을 이완시키고 자율신경계의 균형을 맞출 수 있는 복식 호흡을 해보기를 바란다.

감정을 억누르지 않고 단지 지켜보기

"엄마, 밤만 되면 무서워. 같이 자자." 첫째 아이가 매일같이 자기 전에 하는 말이다.

무서운 이유에 대해 물어보면 무엇 때문인지 잘 모르겠지만 낮에는 무섭지 않고 밤에만 무섭다고 말한다. 이런 얘기를 들으면 내 마음속엔 죄책감이 발동한다. 나의 불안으로 아이를 통제하려 했던 행동들로 불안이 공명되어 우리 딸도 함께 불안한 아이가 된 것 같은 자책감이 들기 때문이다.

〈'무서워'라고 말하는 딸에게〉

"무섭다 무섭다 계속 생각하면 무서움은 더 커진단다. 또 무서우면서도 괜찮아, 난 무섭지 않아 하고 생각하거나 무서워서 싫다고 생각되면 그 무서움은 마음속 깊은 곳으로 도망가 버려…. 그러면 그 무서움은 숨어 있다 또다시 나타나지. 그러니 지금 내가 무서워하고 있구나. 내가 지금 많이 무서워하고 있네, 무서움아 내가 안아줄게, 그리고 잘 가 하고 얘기해주는 거야."

"그 마음이 도망갔다가 다시 또 나타난다고?"

"그렇지. ○○이 엄마한테 짜증내고 떼쓸 때 엄마가 너 왜 그러는 거야? 라고 다그칠 때랑, ○○아 오늘 뭐가 속상했어? 불편한 일이 있었어? 엄마한테 얘기해봐. 많이 속상했구나. 엄마가 안아줄게 하고 얘기할 때 어떨 때 마음이 편해?"

"당연히 두 번째가 편하지."

"두 번째처럼 ○○이 마음을 엄마가 알아주면 짜증이 나?

"아니, 다시 짜증 안 나."

"그럼 우리 무서움한테 그렇게 얘기해줄까?"

"엄마. 그렇게 말만 했는데도 마음이 편해졌어."

"그럼 다음에는 어떨 때 무서운지 잘 생각해보자?"

"응, 엄마 잘 자."

어제 밤에 침대에 나란히 누워 딸과 함께 나누었던 이야기다. 8살 아이가 이해하고 받아들일 수 있을까 생각했지만, 다행히 나의 이야기에 귀기울이며 자신의 감정을 표현하고 받아들이는 모습을 보였다.

예전에 딸이 무섭다고 말할 땐, "괜찮아, 안 무서워."라고 말했다. 아이를 빨리 재워야 한다는 마음에 딸의 감정은 고려하지 않고 무심코 "괜찮아, 아이들은 밤이 무서운 거야. 무서울 것 없어."라고 아이의 감정을 억압하고 회피하도록 했던 것이다. 감정은 분명 좋은 것, 나쁜 것이 없음에도 불구하고 그런 부정적 감정을 빛의 속도로 외면하고자 하는 것이 내 안에 있었던 것이다.

딸과의 대화에서 나의 죄책감이 훅 올라왔다. 나 때문에 불안한 아이가 된 것 같아 어디라도 숨고 싶은 마음이었다.

나는 거울 앞에 앉아 나의 감정을 지켜보았다. 그동안 딸의 감정을 외면하고 억압하려 했던 나의 모습에서 죄책감과 수치심이 올라왔다. '이놈의 죄책감은 안 따라다니는 곳이 없구나.', '육아에선 말할 것도 없고, 돈에서까지 죄책감을 느낀다니, 도대체 죄책감의 뜻이 뭐야?'라는 생각과 이 생각으로 분노의 마음까지 연쇄적으로 나의 감정들이 떠오르기 시작했다.

그 순간 나는 텅 빈 마음, 순수의식으로 지켜보는 관찰자가 아닌 내 몸과 동일시하면서 내가 죄책감이 되어 있고, 내가 불안이 되어 있으며 그 감정들로 괴로워하는 나를 보게 되었다.

그렇게 감정을 통해 널뛰고 있는 내 모습을 지켜본다. 그 감정들에 휘말려 지켜보고 있다는 것을 놓치면 다시 이 순간으로 돌아와 감정들을 다시 지켜보았다. 한참을 그렇게 지켜보고 있으니 어느 순간 거친 호흡이 다시 잔잔한 호흡으로 돌아와 있었다.

이 날도 나의 죄책감과 수치심, 분노 등과 마주하면서 더 이상 억압하지 않고 있는 그대로 바라보고 흘려보냈다.

그리고 '죄책감'이란 감정에 대해 알아보았다. 정신분석용어사전에는 이렇게 명시되어 있다. "외부와 내부로부터 오는 보복에 대한 공포, 후회, 회한 그리고 참회를 포함한 복합 정서. 죄책감의 핵심에는 일종의 불안이 있는데, 이 불안에는 '만약 내가 누군가를 다치게 하면, 결국 나도 다칠 거야'라는 생각이 포함되어 있다. 개인은 자신이 이미 다른 사람을 다치게 했고 그에 따른 벌을 받을 것이라는 우울한 신념을 가질 수 있다. 여기에는 자신이 정신적이거나 육체적인 고통을 받는 대가로 용서와 수용과 사랑을 받을 수 있다는 희망이 있다. 중략"

지금까지 '죄책감'이라는 감정에 대한 뉘앙스만 알고 있었는데, 이것이 어떻게 형성되고 발현되는지 등과 관련하여 무수한 정신역동이 함께 일어남을 확인할 수 있었다. 그리고 이 죄책감이라는 감정 안에도 '불안'이 내재되어 있으며 무의식 속에 얼마나 많은 감정들이 얽혀 내가 생각지도 못한 행동과 상황 속에 감정들이 작용하고 있는지를 알 수 있었다.

우리는 정신분석학자가 아니기에 우리의 행동 이면에 숨어 있는 무의식의 작용들을 알지는 못한다. 하지만 이 무의식이 우리 삶에 얼마나 많은 영향을 미치는지에 대해 이제는 알 수 있다.

그러니 감정을 억압하지 않고 무의식을 정화하는 일이 얼마나 중요한 것인가?

매 순간 깨어 있고, 알아차리는 것. 지금 이 순간 내가 무엇을 느끼는지 무엇을 행하는지 지금 현재, 이 순간이 아닌 과거와 미래를 넘나드는 삶 속에서는 결코 알 수 없는 것이다.

나는 그동안 지금 여기, 이 순간의 삶이 아닌 과거의 감정들에 휘말려 내가 만든 감옥 속에서 고통받으며 살고 있었다. 거울명상을 하면서 나를 온전히 만날 수 있었고 나의 억압된 감정들과 무의식을 정화하기 시작하면서 내 삶의 변화가 시작된 것이다.

내 자신의 깊은 내면과 만나면서 이 현실이 '괴롭다'라고 느끼게 한 나의 억압된 감정들을 있는 그대로 가만히 지켜본다. 그 감정들에 대해 좋고 나쁨의 분별없이 아무런 평가도 하지 않고 단지 지켜본다. 거울 앞에서 억압된 감정을 정화해야 한다고 억지로 감정을 끌어올 필요는 결코 없다.

거울명상을 하면서 감정이 느껴지지 않으면 텅 빈 공간에 나의 감정들을 모두 흘려보낸다는 마음으로 그냥 지켜볼 뿐이다. 억압된 감정을 정화하겠다는 목표를 가지고 무엇인가 얻으려는 마음으로 명상을 하게 되면 그것은 내 마음이 아닌 머리로 명상을 하게 되는 것이다. 그러니 그냥 지금 이 순간 나에게 느껴지는 감정들을 정화하는 것이다. 우리에게 억압된 감정을 정화할 기회는 너무도 많기 때문에 결코 조급할 것이 없다.

남편을 통해서, 아이들을 통해서, 직장, 내가 만나는 사람들, 물건, 어떤 상황들 속에 느껴지는 이 모든 것이 나를 정화할 수 있는 기회들이다.

단지 거울 앞에서 텅 빈 공간 속에 나의 텅 빈 근원의 마음, 순수의식으로 이 모든 억압된 감정들을 지켜볼 뿐이다.

그리고 이것들은 모두 내가 만들어낸 영화이고 홀로그램인 것을 알아차리는 것이다.

『거울명상』에서는 말한다.

"인생은 내 무의식에 억눌려 있는 감정들을 치유하는 여정이다. 치유되지 못한 아픈 감정들을 억눌러 놓고 살면 현실도 역시 아프게 펼쳐지면서 자꾸만 아픔이 올라오도록 해준다. 그 아픔을 느껴줘 치유하라는 메시지를 끊임없이 보내준다."

― 김상운, 『거울명상』

그렇게 우리는 치유 메시지를 통해 그 억압된 감정을 지켜보고 인정하고 흘려보내는 것이다.

있는 그대로 나를 인정하기

지난 세월을 돌아보면 난 참 자존감이 낮은 사람이었다. 그것을 숨기기 위해 오히려 더 강한 척하였고 내 생각과 내 말이 옳다고 주장하며 살아왔다.

나의 부족함을 인정하기보다 부정하는 쪽을 선택했고 끊임없이 나를 채찍질했다. 또한 '난 항상 잘 못해', '잘하는 것이 없어'라는 신념이 뿌리 깊게 자리 잡고 있던 것이다. 일에 대한 좋은 성과에도 나의 성과로 받아들이기보다는 '운이 좋았던 거야', '이번엔 뭔가 특별해서 이런 결과가 나타난 것뿐이야'라는 생각이 먼저였다. 누가 나를 칭찬하면 인정받았다는 충족감 이면에 '정말 내가 잘한 거 맞아?'라는 의심이 앞섰다.

나 스스로 완벽한 기준을 정해놓고 그것에 부합하지 못한다고 절망하고 타인과 비교하며 스스로 나를 부족하다고 여겼다. 그렇게 부족함을 숨기고 포장하며 끊임없이 타인의 사랑과 인정받고자 하는 이가 바로 나였다.

이와 관련하여 브레네 브라운의 저서 『마음가면』에서는 "마음 가면을 벗고 취약성을 드러내는 순간, 수치심으로부터 자유로워진다."라는 메시지를 전한다. 브레네 브라운 작가는 불안, 수치심, 취약성 등 현대인이 겪는 고통의 뿌리를 연구하는 심리 전문가로 15년 가까이 오직 이 연구에 매진하면서 이러한 감정들을 주체적으로 다룰 수 있는 방법들을 찾아내 책을 출간하고 강연을 하였다.

이 책 또한 1만 건의 연구 사례와 자신의 경험을 토대로 취약성을 삶의 일부로 받아들이고 삶 속에 '대담하게 뛰어들기'를 보여주었다.

『마음가면』의 내용을 조금 더 잘 이해하고자 저자의 강연 일부를 소개하고자 한다.

"이제껏 인터뷰한 사람들은 대략 두 그룹으로 나눌 수 있었습니다. 한

쪽에는 스스로가 가치 있다고 여기는 사람들이 있습니다. 나는 가치 있는 사람이야. 사랑받고 소속되어 있다는 강한 느낌 말입니다. 반면 다른 한쪽에는 그걸 얻기 위해 몸부림치는 사람들이 있었죠. 나는 충분히 훌륭하지 않다고 계속 의심하는 사람들, 강력한 사랑과 소속감을 느끼는 사람들과 늘 갈구하기만 하는 사람들 그 둘 사이에는 단 하나의 차이가 있었습니다. 다름 아닌 '스스로' 사랑받고 소속될 만한 가치가 있다고 '믿는 것' 그것입니다. 가치가 있다고 '믿는 것' 스스로 가치 없다고 여기는 사람들, 그래서 다른 사람들과 연결되는 걸 두려워하는 사람들. 그게 제겐 숙제였습니다. 스스로 가치 있다고 깊은 믿음 속에서 온 마음을 다해 살아가는 사람들. 그들의 공통점은 '용기'였습니다. 내가 누구인지 진심을 다해 말할 수 있다는 뜻. 불완전할 '용기'가 있었다는 뜻입니다.

그들은 자기 자신에게 강한 연민을 느끼고 스스로에게 친절하게 굴며 그 결과로 다른 이들에게도 온화하고 친절합니다. 우리는 스스로 자애로울 때라야 다른 사람에게도 그렇게 할 수 있기 때문입니다. 또 하나는 그들이 다른 이들과 연결되어 있다는 점인데, 자신의 진정한 모습을 온전히 보여준 결과 연결이 가능하기 때문입니다. 다른 사람이 어떻게 생각할까를 버리고 솔직하고 진정한 자아를 드러내는 것. 그것이 진정한 연결을 위한 전제조건입니다.

또한 이들의 공통점은 자신의 취약성을 온전히 받아들이고 포용한다는 것입니다. 그들은 믿습니다. '나를 취약하게 만드는 바로 그것이 나를 아름답게 만들어준다'고. 그렇다고 해서 그들이 자신의 취약성에 대해 편안해 하지도, 수치심을 쉽게 얘기하지도 못합니다. 다만 그렇게 할 뿐입니다. (중략)

제가 연구한 바에 의하면 자신의 마음 깊은 곳을 타인에게 드러내는 것, 취약성까지도 아무런 보장이 없더라도 온 마음을 다해 사랑하는 것 물론 어려운 일입니다. 부모로서 그렇게 한다는 것 역시 매우 힘든 일입니다. 두려움과 공포가 닥쳐올 재앙에 대해 걱정만 하는 대신, 감사를 되새기는 일, 취약함을 느낀다는 것 자체가 살아있다는 증거이기 때문입니다.

마지막으로 가장 중요한 것은 '나는 충분하다'고 하는 생각입니다. 내가 충분하다고 믿는 순간 우리는 비명을 멈추고 비로소 다른 이의 말을 들을 수 있기 때문입니다. 사람들을 더 친절하고 부드럽게 대하고, 그런 후에야 스스로에 대해서도 친절하고 부드러워질 수 있습니다."

— 〈취약하다는 것의 힘〉, TED, 브레네 브라운

모든 사람들은 저마다 자신의 취약성을 가지고 있는 것임에도 불구하고 난 그 취약성을 인정하지 않았다. 나의 부족함을 드러내는 것에 대해 수치심을 느끼며 나를 포장하고 다른 사람이 인정해주지 않을까 봐 두려워 관계에 연연해하며 살아왔던 것이다. 그 취약점이 들춰질 것에 대한 불안으로 타인을 비난해 왔던 것은 아닐까….

'있는 그대로 나를 인정한다'는 것은 그만큼 용기가 필요한 것이었다. 나의 취약성을 온전히 받아들이고 나의 부족한 모습을 있는 그대로 드러낸다는 것. 그 속에는 '나는 충분하고', '나는 가치 있는 사람'이라는 믿음이 있는 것이다.

고등학교 시절 진해 벚꽃 구경을 하고자 시외버스에 친구들과 함께 떠나던 모습이 생각난다. 상황은 정확하게 기억나지 않지만 그때의 그 감정은 항상 내 마음에 남아 있으며 열등감이라는 단어와 함께 떠오르는 장면이기도 하다.

진해로 출발하는 버스 안, 친구의 어떤 말 한마디에 점점 기분이 우울해지면서 그 친구들 사이에 가장 부족하고 보잘것없이 느껴지는 감정, 열등감이 느껴진다. 공부를 잘하는 것도 아니고, 가정 형편이 좋은 것도 아니며, 당당하지 못한 성격 등 친구들 중에서 내가 가장 못난이 같이 느껴졌다. 하지만 나만 느끼는 이 감정으로 나들이를 망칠 순 없었기에 애써 웃으며 벚꽃 구경을 다녔다. 그렇게 나의 열등감과 수치심을 억압하고 외면했던 것이다.

그때 친구들에게 내가 느끼는 감정을 있는 그대로 왜 이야기하지 못했을까…. 이런 내 모습을 스스로 인정하지 못하고 이 친구들이 나를 어떻게 볼 것인가에 대한 두려움과 수치심으로 용기 내지 못했다는 것을 이제야 직면할 수 있었다. 그리고 그때 그 예민했던 고등학생의 마음을 안아주고 흘려보내주었다.

사실 거울명상을 만나기 전에는 현재 괴롭다고 느끼는 마음만 있었지 이것이 억압된 감정들로 나타나는 현실이라고 전혀 알지 못했다. 그리고 그런 감정들을 살펴볼 여유도 시간도 없이 그냥 그렇게 살아온 것이다. 그 괴로운 현실에서의 내 모습은 항상 열등한 존재였다.

그 속에서 나를 인정하는 것은 정말 싫었다. 인정하는 순간 정말 내가 그러한 열등한 존재가 되는 것 같았다. 돌이켜보니 그렇게 날 선 상태로 살고 있었던 것이다.

고요한 새벽 온전히 나를 들여다볼 수 있는 거울명상을 하면서 나는 수많은 나의 감정인격체들을 만났다. 그 감정과 얽혀 있는 이야기 속에서 나의 상처와 마주한다.

거울명상은 그렇게 나의 상처를 치유할 수 있도록 하였고 비로소 나를 있는 그대로 인정할 수 있게 되었다. 그리고 더 이상 가면을 쓰지 않아도 된다는 것을 알게 되었다.

나의 모습에 솔직해질 수 있었다. 나의 취약함을 더 이상 숨기지 않아도 나는 가치 있는 존재이며 충분한 존재라는 것을 알기 때문이다.

그리고 거울명상을 하면서 내가 취약하고 열등한 존재가 아님을 알게 된다. 텅 빈 근원의 마음, 순수의식으로 나의 억압된 감정들을 지켜보면서 그것은 내가 만든 감정의 인격체라는 것을 안다. 우리는 이미 완전한 존재, 순수의식임을 자각할 뿐이라는 것을.

비춰진 현상에 집착하지 않기

"여보세요! 선생님, 거울명상 하면서 신기한 일을 경험했어요."

"거울명상은 뭐고 신기한 경험은 무엇이니?"

"거울명상은 거울을 보면서 억압된 감정과 무의식을 정화하는 명상이에요. 『왓칭』의 저자 김상운 선생님의 유튜브 〈김상운의 왓칭〉와 『거울명상』이라는 책에 잘 나와 있어요. 열흘 정도 거울명상을 하는데 파란색 도넛 모양의 빛이 번쩍 나타났다 사라지는 거예요. 살면서 이런 영롱하고 선명한 빛은 처음 보는 것 같아요. 정말 신기했어요. 이것이 에너지 파동인가 봐요."

"그래…. 명상을 오래 하신 분들은 초능력 같은 체험을 하기도 한다. 너도 순수한 마음으로 명상을 하여 그러한 경험을 했나 보다. 하지만 너무 그 경험에 집착하지 말거라. 하나의 상에 잡혀 그것을 위한 명상을 해서는 안 된다."

"네… 저도 무슨 말씀인지 잘 알 것 같아요. 그런 경험을 위해 명상하는 것에 대해 경계해야 한다는 말씀이시죠."

그날 체험이 너무도 신기해 솔직히 들뜬 마음으로 삿상 모임의 원각 선생님에게 전화를 한 것이다. 사실 이러한 얘기를 누구하고 나눌 수 있을까? 거울명상도 생소할 텐데 거울에 파란빛이 번쩍하고 나타났다 사라진 것을 얘기하면 사람들은 무슨 생각이 들까? 당장 우리 남편도 미신 같은 말을 한다며 전혀 이해하지 못했다.

선생님은 나의 들뜬 마음을 알아차리시고 그 마음을 살짝 눌러준 것이다. 전화를 끊고서 마음속으로 생각했다. '감정의 에너지 파동이고 빛임을 눈으로 본 것이야 신기할 것도 놀랄 일도 아니야. 원래 있는 것을 본 것뿐이야.'

명상을 하는데 왜 거울이 필요한 것일까? 호흡 명상이나 여러 명상이 있지만, 거울을 보고 명상을 하는 것에 대한 의문이 들 수 있을 것이다. 그것과 관련하여 『거울명상』에서는 이렇게 설명하고 있다.

"오감의 공간은 찰나에만 존재하는 환영이다. 어디에 떠 있는 환영인가? 텅 빈 마음속의 환영이다. … 하지만 이 사실은 쉽게 받아들여지지 않는다. 사물이 환영임을 직접 확인할 수 있는 쉬운 방법은 없을까? 육안은 내 몸 앞의 공간만 바라볼 수 있다. 그렇다면 거울을 이용해 육안이 바라보지 못하는 내 몸 뒤의 공간도 동시에 바라본다면? 육안이 아닌 마음의 눈이 열리게 된다. 마음의 눈으로 오감의 공간 전체를 바라보게 된다."

그렇게 거울을 통해 모든 사물이 각기 분리된 존재가 아닌 나의 앞과 뒤 모든 것이 연결되어 있는 공간 속에 있다는 것을 보게 되었다. 거울에는 이 모든 것이 하나의 이미지로, 3차원의 공간 속에 들어 있는 내 몸을 객관적으로 볼 수 있었다. 그리고 이 모든 것은 에너지고, 파장이며, 빛으로 생성되어 있음을 내 눈으로 확인한 것이다.

나의 육안으로 거울을 바라보는 것이 아니라 마음의 눈으로 거울을 바라보게 되는 것이다.

거울명상을 매일 하면서 어느 순간 거울에 비춰진 나의 모습이 회색빛으로 보이기 시작했다. 분명 분홍색 옷을 입고 명상을 하는데 탈색된 듯한 회색빛으로 변해 있음을 본다. 다시 눈을 깜빡여 보면 원래의 색으로 돌아간다.

마음의 눈을 통해 거울명상을 하면서 이번엔 회색빛으로 보이던 내 모습이 검은색으로 변하는 것이 보인다. 이것은 무의식 속에 억눌려 있던 어두운 감정에너지, 즉 진동주파수가 느린 감정에너지가 표면으로 올라와서 이렇게 비춰지는 것이라 한다.

현실은 내 마음이 만들어낸 홀로그램이라는 것을 거울을 통해 내 눈으로 확인하는 것이다. 거울은 그것을 확인하는 수단이다. 매일 새벽 거울을 보면서 억압된 감정들의 에너지, 즉 진동주파수를 눈으로 확인한다. 그리고 지금, 현재 일어나는 현실들은 나의 의식들로부터 만들어진 것임을 관찰자 입장으로 바라본다.

『거울명상』에서는 여러 가지 오라가 보인다고 말한다. 파랑은 정직과 지능, 초록은 안정과 휴식, 분홍은 포근한 사랑, 연보라나 하양은 치유, 검정은 치유를 기다리는 마음 등이라고 이야기한다.

거울명상을 하면서 다른 사례자처럼 여러 색 빛의 오라를 보지는 못했다. 아직 억압된 감정들을 정화하고 있는 과정 중에 있는 것이다.

그렇다고 이러한 빛들이 보이지 않는 것에 대해 조급해하지 않는다. 그리고 나의 억압된 감정과 무의식이 정화되는 것에 대한 의심도 없다.

거울명상을 하면 여러 가지 현상을 경험하게 된다. 이것은 나의 근원의 마음, 순수의식 근원의 빛과 하나가 되어 가는 과정일 것이다.

여기서 내가 거울명상을 하는 것은 거울을 통해 모든 현실은 내가 만들어낸 하나의 이미지이며 홀로그램인 것을 확인하고, 그러한 현실을 만들어낸 억압된 감정과 무의식을 정화하는 것이다. 그 과정 속에 나타나는 현상을 위해 그것을 확인하고자 명상을 하는 것이 아니다.

거울명상을 하면서 처음으로 한 번도 경험해보지 못했던 그 파란색 빛에 집착했다면 매번 명상을 할 때마다 다시금 그 신비한 체험을 하고자 집중하며 처음 거울명상을 하려는 순수함에서 벗어났을 것이다.

그리고 무엇인가 얻으려는 마음, 이 괴로움에서 빨리 벗어나고 싶은 조급함과 내가 원하는 인생을 만들겠다는 욕심으로 명상을 하게 될 것이다.

이러한 현상이 나타날 때 '내 안에서 일어나는 일이 나타났구나.'라고 그냥 지켜본다. 거울 속에 나타나는 현상에 대해 어떠한 의미도, 평가도 하지 않고 단지 지켜볼 뿐이다.

거울에 비춰진 현상에 집착하지 않고 일어나기 전과 일어난 후, 한결 같음으로….

0
5

현실 창조하기

깊은 새벽 거울을 마주보면서 나의 억압된 감정을 흘려보내고 무의식을 정화하다 보면 나의 텅 빈 근원의 마음, 순수의식으로부터 사랑과 감사의 마음이 느껴진다. 어떤 조건으로부터 발생하는 감사함이 아닌 존재 자체에 대한 감사함이다.

그리고 나도 모르게 심장에서부터 진심으로 "감사합니다. 사랑합니다."라는 말이 나온다.

내 안의 부정성을 거둬들이고 텅 빈 근원의 마음과 하나 될 때 우리는 새로운 현실을 만나게 된다.

조 디스펜자는 이러한 마음을 고양된 감정, 진심 어린 감정이라고 표현한다. 『당신도 초자연적이 될 수 있다』에서는 말한다.

"우리 몸을 둘러싼 에너지와 정보의 보이지 않는 장으로부터 끌어온 스트레스 감정들과 달리 이 진심 어린 감정들은 몸의 에너지 장에 긍정적으로 기여한다. 가슴이 열렸을 때 만들어지는 에너지는 뇌의 경우에도 그렇듯 심장도 더 규칙적이고 일관성 있게 뛰게 한다. 그리고 그 결과로 상당한 양의 자기장을 만들어낸다."

— 조 디스펜자, 『당신도 초자연적이 될 수 있다』

명상 등의 방법을 통해 양자장(통합장)에 접속함으로써 불치병을 치유하거나 초자연적 체험을 할 수 있다고 한다.

이는 곧 내가 텅 빈 근원의 마음과 하나 되는 에너지 상태에 있을 때 내 삶은 온전히 나에게 맞는 최적의 방향으로 흘러가게 되는 것이다.

많은 사람들이 시크릿이나 긍정확언, 심상화 등을 통해 내가 원하는 것을 이루고자 하지만 생각만큼 그것이 이루어지지 않음을 알게 된다.

나 또한 경제적 자유를 꿈꾸며 시간에 얽매이지 않고 풍족한 삶을 꿈꿔왔다. 버킷리스트도 작성해보고 내가 원하는 것을 이룬 것에 대한 감정을 느껴보기도 했다. 분명 설레고 뭐든 다 이루어진 것 같은, 이미 부자가 된 듯 자신감에 차오르기도 했다.

하지만 이것이 현실로 이뤄질 만큼 지속이 되지 않았다. 앞에서도 언급했지만 그것은 '결핍'에서 비롯된 것이다. 애초 목표 설정이 결핍을 충족시키기 위한 삶이었던 것이다. 지금 이 순간 행복함을 느끼지 못하고 부족한 것에 대한 집착과 불평이 내 안에 숨어 있었던 것이다. 그동안 경제적 어려움으로 인한 나의 감정, 돈에 대한 생각과 느낌, 부에 대한 부정적 생각 등 그것들로 느껴왔던 억압된 감정과 무의식이 정화되지 않은 상태에서 결핍에 집착하며 우주로부터 내가 원하는 것을 끌어당기려 했던 것이다.

유튜브 〈김상운의 왓칭〉에서 김상운 선생님은 긍정확언과 관련한 질문에 이와 같이 대답했다.

"긍정확언은 내 마음속에 내가 원하는 바를 이루기 위해서 같은 생각을 반복적으로 되풀이해서 주입시키는 것이다. … 내가 표면의식으로 아무리 상상한다 해도 무의식을 이길 수가 없다. 현실 자체가 무의식이 창조해낸 것이다."

그동안 나는 긍정확언과 심상화 등을 통해 부를 꿈꾸고, 행복한 삶을 살고자 했지만 나의 무의식을 반영한 현실은 그렇지 못했다.

내 안에 있는 것들을 비워내고 내 마음에 텅 빈 공간을 마련하기 이전에 나의 에고에 따라 더 많은 것들을 꾹꾹 눌러 담고 있었던 것이다.

그렇다면 텅 빈 근원의 나와 만나고, 내 근원의 삶이 목적하는 대로 살아가려면 어떻게 해야 하는 것일까?

텅 빈 공간 속에서 내 마음에서 일어나는 모든 것이 허상이라는 것을 알아차리는 것. 육안으로 보이는 이 현실이 모든 공간이라고 생각했던 편협했던 마음에서 벗어나, '내가 살고 있는 곳은 어디인지', '내 몸은 지금 어디에 들어 있는지', '현실도, 내 몸도, 우주 전체도 이 공간 속에 들어 있다'는 것을 자각할 때 현실을 객관적으로 바라보는 관찰자가 되는 것이다.

조 디스펜자 또한 같은 맥락으로 양자장, 즉 통합장에 대해 이와 같이 설명한다. "양자장(통합장)은 보이지 않는 에너지와 정보의 장이다. 시공간 너머에 존재하며 지성 혹은 의식의 장이라고 할 수 있다."

양자장과 관련하여 이 지구상의 모든 존재하는 것들과 지구 자체를 없애고, 태양계의 모든 행성들도 없애고, 우주의 모든 은하계도 사라진다고 상상한다면 공기도 없고 눈으로 감지되는 것도 없게 되며 절대적인 암흑, 진공만이 존재하며 이 양자장 속에서 존재할 수 있는 유일한 방법은 자각(알아차림)뿐이라고 말한다.

즉 텅 빈 근원의 마음, 순수의식으로 양자장 또는 통합장에 머무를 때 본래 우리가 존재하는 삶의 방향으로 펼쳐지는 것이다.

애쓰지 않아도, 집착하지 않아도, 무엇을 얻거나, 무엇인가 되고자 빌지 않아도 저절로 그 에너지의 주파수에 맞춰 현실이 이루어지는 것이다.

양자장 속에서 현실을 창조하기 위해 조 디스펜자의 『당신도 초자연적이 될 수 있다』에서 다음과 같이 말한다.

"당신의 에너지가 통합장 속에 이미 존재하는 어떤 잠재성과 진동이 일치할 때 당신은 그 새로운 경험을 당신 쪽으로 끌어오기 시작한다. 당신 스스로 미래를 끌어들이는 소용돌이가 될 때 '그것이 당신이 발견할' 것이다. … 원하는 미래가 당신 앞에 나타날 것이다.(에너지가 물질화된다) 당신은 말 그대로 새로운 미래의 에너지에 조율해 갈 것이다."

— 조 디스펜자, 『당신도 초자연적이 될 수 있다』

거울명상을 하면서 내 삶의 변화가 일어나고 현실이 새롭게 창조되는 과정 이면에는 에너지 장(양자장 또는 통합장)에서 나의 의식 및 주파수에 맞춰 현실이 나타나는 것이었다.

부정성이 가득하여 괴로움의 연속이었던 삶이 거울명상을 하면서 거울 속에 비춰진 모습이 내 마음 공간 속에 하나의 이미지임을 깨닫게 되고 이 모든 것이 내가 만들어낸 허상임을 알게 된 것이다. 그리고 나의 그 부정성들, 즉 억압된 감정과 무의식을 정화하면서 나의 의식과 주파수가 바뀌게 되었고 에너지 장에서 그에 맞는 주파수와 연결되면서 더 긍정적이고 생각지 못했던 일들이 일어나게 된 것이다.

　그야말로 그동안 환경에 이끌려 괴로움에 살던 나는 내 스스로 삶을 창조할 수 있는 존재가 된 것이다. 이제 지금 상영되는 드라마가 마음에 들지 않으면 다른 채널로 바꾸듯이 내 삶의 주파수를 내 의지로 바꿀 수 있는 힘이 생긴 것이다.

0
6

매 순간 깨어 있기

매일 아침 아이들을 깨워 등원 준비하는 시간은 나에게 '매 순간 깨어 있음'의 집중 훈련 시간이다. 새벽 기상과 거울명상으로 억압된 감정을 흘려보내고 책을 읽으면서 또는 글을 쓰면서 오늘 하루도 평온한 마음으로 시작하는 멋진 하루가 될 것 같은 시간은 아이들이 일어남과 동시에 매 순간 시험에 드는 시간이기도 하다. 또한 그 시간 그 공간은 나의 에고를 알아차리는 매우 훌륭한 교습소와도 같다.

8살, 4살. 학교 등교까지 준비하는 한 시간은 나의 '이 순간 깨어 있음'의 미션 수행의 장인 것이다. 어디로 튈지 모르는 둘째 꼬맹이…. 아무리

일찍 일어나 준비하더라도 현관문을 나서는 시간은 동일하다. 학교가 집 바로 옆에 있어 다행일 뿐이다.

아이들의 전제 조건은 일단 말을 잘 듣지 않는 것이다. 아이들은 결코 내 뜻대로, 내가 원하는 대로 말을 듣지 않는다. 난 항상 이 명제를 잊어 버린다. 아침에 일어나 자연스럽게 세수를 하고 옷을 골라 입고 식탁에 앉아 밥을 먹길 바란다.

하지만 수많은 변수들이 발생하면서 나의 계획과는 멀어진다. 그리고 난 '빨리빨리 괴물'이 되어 있다. "빨리 일어나.", "빨리 씻어.", "빨리 입어.", "빨리 밥 먹어."

오늘 아침은 유독 힘든 하루였지만 깨어 있음을 확인하는 시간이기도 했다. 등교 시간은 다가오는데 오늘따라 둘째가 등원 준비에 비협조적이다. 옷을 갈아입히는 것부터 시작으로 뭐든 어깃장을 놓기 시작한다. 설상가상으로 첫째는 옷이 마음에 들지 않는다고 짜증이다. 그 순간 이 모든 상황이 컨트롤되지 않고 내가 원하는 대로 이루어지지 않음에 화가 올라온다. 아이들에게 화를 내려는 그때 그 '찰나의 순간' 내 마음에서 '어' 하는 브레이크가 걸리는 것이다. 그 순간 나를 지켜보는 힘이 발휘하며 큰소리 대신 조근조근 아이들을 타이르는 나를 보게 되었다.

우울증이라는 어둠의 터널에 갇혀 있던 나는 감정 기복이 심했고 '빨리 빨리'를 외치며 아이들을 다그쳤다. 불안이 높았기에 더 많이 통제하려 했고 내가 원하는 방향으로 이끌고자 했다. 그 상황 속으로 매몰되어 나와 그 감정들이 한 몸이 되어 있었다.

하지만 지금은 상황에서 한 발짝 물러서 그 상황들을 바라보고 있다. 그리고 나의 느낌과 감정들을 지켜보고 있다. 시간에 쫓겨 조급해하는 나의 모습을, 내 뜻대로 되지 않는다고 화를 내는 내 모습을 본다.

아이들은 똑같은 모습이다. 옷이 마음에 안 든다고 짜증을 내고 어린이집에 가기 싫어 옷을 입지 않겠다고 운다. 이런 상황에서 어떤 엄마는 화를 내지 않고 아이들을 잘 다독거리며 등원을 준비하기도 한다. 이렇게 똑같은 상황이지만 엄마의 행동은 다르게 나타난다.

그 상황을 느끼는 그 감정들이 다르기 때문이다. 내가 삶을 대하는 태도나 감정은 모두 무의식의 작용이다. 그러니 매 순간 알아차리고 깨어 있어야 하는 것이다. 그렇지 않으면 스스로 의식하지 못한 채 그 과거의 습관대로 생활을 반복한다.

거울 앞에서 명상을 하는 것은 내가 관찰자로서 텅 빈 근원의 마음, 순수의식과 하나 되는 과정을 훈련한다. 그리고 그 고요함 속에서 나의 억압된 감정과 무의식을 정화한다.

나의 모든 일상생활에서 그 깨어 있음을, 나의 감정을 알아차리고 억압하지 않고 있는 그대로 인정할 수 있음을 길러 주는 것이다. 그 힘으로 나의 생활에서 매 순간 깨어 있음을 알게 된다.

이것이 함께 움직여야 하는 것이다. 거울 앞에서만 명상한다고 끝나는 것이 아니라 내 삶이, 내 생활이 명상인 것이다.

『에크하르트 톨레의 이 순간의 나』에서는 이렇게 말하고 있다.

"현재의 순간이 당신이 가진 전부라는 걸 깊이 깨달으세요. 당신의 인생에서 가장 먼저 주목해야 하는 것은 지금 이 순간입니다. … 당신이 과거와 미래에 집착할수록 가장 소중한 시간인 지금 이 순간을 놓치게 됩니다. … 영원한 현재인 '지금'이 인생이 펼치는 공간이고 변함없는 하나의 실재입니다. 삶은 지금 이 순간입니다."

— 에크하르트 톨레, 『에크하르트 톨레의 이 순간의 나』

지금 이 순간 깨어 있으며, '이 순간 내 안에 무슨 일이 일어나고 있는가?'를 알아차리기 위해 명상을 한다. 지난 시절 나에게는 과거와 미래만 있었다. 지난 과거에 대한 후회와 다가올 미래에 대한 걱정으로 지금, 이 순간을 알지 못하고 살았던 것이다.

아이와 등교 준비를 하는 동안 내 마음은 아이가 학교에 늦지 않아야 한다는 그 마음에 집중되어 있었다. 내 마음을 그곳에 두고 있으니 조급함이 올라오고 '빨리빨리'를 외치고 있었던 것이다.

생각해보면 아침에 잠에서 깨어나 다시 잠들기까지 나는 내 마음을 어디에 두고 있었을까? 양치를 하면서도, 옷을 입을 때도, 설거지나 청소를 할 때도, 출근하는 차 안에서도, 사람들과 대화하는 상황에서도 나는 그 순간에 머물기보다는 끊임없는 생각들과 상념들로 과거와 미래를 오가며 있었다. 그리고 그 순간 올라오는 감정들에 매몰되어 있었음을 자각하게 된다.

또한 혼자 운전을 할 때도 명상의 시간이다. 운전을 하면서 다른 생각에 깊이 빠져 속도 표지판을 보지 못해 속도 위반으로 과태료가 부과되기도 했다. 갑자기 끼어드는 차량으로 그 순간 화가 올라와 빛의 속도로 육두문자를 날리기도 한다. 운전을 할 때 더욱 무의식적이며 습관적으로 반응하는 나의 모습을 본다. 그 순간 올라오는 감정을 알아차리고 흘려보낸다.

　이 글을 쓰는 순간에도 글을 쓰는 것에 대한 집중과 글을 쓰는 행위와 과정보다 어느 순간 잘 써야 한다는 생각과 빨리 써서 완성해야 한다는 '성취해야 할' 강박적 욕구로 변화된 모습을 보게 되었다. 그것은 처음에 글을 쓰는 즐거움에서 벗어나 저항이 일어나고 글을 쓰는 부담감이 내 마음에 자리 잡은 것이다.

　『에크하르트 톨레의 이 순간의 나』에서는 삶에서 두려움이 느껴질 때나 내가 생각했던 것처럼 일이 잘 되지 않을 때, 과거의 감정들로 힘들어할 때 다음과 같이 이야기했다.

　"그럴 때에는 현재의 순간에 강력하게 집중할 필요가 있습니다. 그런 상황에 처할 때 당신은 '무의식'에 빠지기 쉽습니다. 반응이나 감정에 지배당하는 순간, 당신 자신이 그런 반응이나 감정 그 자체가 되어버립니다. 그리고 행동으로 그것을 표출합니다. 변명하고, 일을 그르치고, 공격하고, 방어합니다. 하지만 그것은 당신이 아닙니다. 그저 당신의 반응 패턴, 다시 말해 마음의 습관적인 생존 방식입니다."

　　　　　　　　　– 에크하르트 톨레, 『에크하르트 톨레의 이 순간의 나』

더 이상 나의 무의식과 마음의 습관적인 생존 방식으로 내 삶을 대하고 싶지 않다.

매 순간 깨어 있기 위해 명상을 하는 것이며 거울 앞에서만이 아니라 내 생활 속에서 깨어 있음을 유지하려고 한다.

이러한 매 순간 깨어 있으며 알아차리는 시간이 많아질수록 지금 현재 존재하고 있음을 더 강하게 느낄 것이다. 더 평온하며 편안한 상태를 유지하며 나의 무의식과 나의 에고에게 휘둘리지 않게 된다. 내 머릿속에 오만 가지 생각이 떠오르더라도 그것에 대해 '별거 아니야'라고 웃음 짓게 될 것이다.

0
7

외부가 아닌 나의 내면에 집중하기

새벽 5시, 나는 거울을 보면서 나와 온전히 만나는 시간을 가진다. 어떤 것에도 방해받지 않고 오롯이 나의 내면을 들여다본다. 지난 삶을 되돌아보면 항상 정신없이 바쁘게 살았다. 워킹맘으로 아이들을 챙기며 생활하는 속에 항상 쫓기듯 하루하루를 보내고 있었다. 그러한 상황에서 온전한 '나의 시간'은 행복 그 자체였다. 한 번도 생각해보지 않았던 시간, '온전히 나에게 집중'하는 시간이 있을 것이라곤 생각지도 못했다. 나스스로 그 시간을 내어보겠다는 마음의 여유도 없었다. 오로지 생존 모드로 살아가는 삶 속에 마음의 여유를 찾는 건 사치였다. 그렇게 나의 감옥 속에 갇혀 괴로워하였다. '이 괴로움은 모두 네 탓이야'라고 외치며 모든 에너지는 외부로 향해 있었다.

철저히 부서지고, 깨지고, 나의 괴로움이 바닥의 정점에 이르렀을 때 비로소 나는 외부가 아닌 내면을 바라보게 된 것이다.

지금 내가 괴롭고 힘든 건 나에게 상처를 준 사람과 환경 때문이라 생각하며 살아왔다. 솔직히 말하면 내가 이 괴로움을 만들었다는 것을 인정하기 싫었다. 그것 자체가 더 큰 아픔이었다.

이런 나에게 거울명상은 온전히 나를 바라볼 수 있게 하였다. 어떤 평가도 어떤 분별도 없이 있는 그대로의 나를 ….

그것은 나에게 온전히 집중하면서 느낄 수 있음이었다. 이 모든 현실은 나의 억압된 감정들과 무의식으로부터 투사된 이미지일 뿐임에도 그것이 '나'라 생각하며 과거의 감정에서 벗어나지 못하고 있었다. 하지만 이러한 앎을 깨닫게 한 것도 나와의 시간이다.

거울 앞에서는 나를 포장할 필요도 없다. 저항하거나 방어할 필요도 없다. 그냥 온전히 느껴지는 이 감정들을 지켜보는 것이다.

억압된 감정이 느껴지지 않을 땐 느껴지지 않음을 알아차리고, 거울명상을 해도 내 삶이 변하지 않는다고 한탄하는 마음이 생길 땐 그 마음을 알아차리고 지켜보는 것이다.

내 현실에서 끊임없이 나를 봐 달라는 여러 부정적 감정인격체들을 지켜볼 수 있는 것 또한 나의 내면을 들여다보는 나만의 시간으로부터 시작되었다.

그렇게 나를 지켜보는 시간이 많아질수록 나를 지켜보는 힘도 커졌다. 그리고 그것은 나의 실생활에서도 외부 세계가 아닌 내면세계에 집중할 수 있는 힘이 되었다.

남편과 다툼이 있을 때도 남편이 아닌 나의 마음에 집중한다. 내 마음의, 내 감정들을 들여다본다. 어떤 문제가 되는 상황에서도 좋고, 나쁨 없이, 어떤 평가나 선입견 없이 있는 그대로 보려고 한다.

아직은 그렇게 알아차리고 지켜보는 것이 쉽지 않다. 여전히 싸우고, 일어난 상황이나 문제 때문에 힘들어할 때도 있지만 중요한 것은 조금씩 알아차림이 있다는 것을 자각하는 것이다. 그러한 속에서 예전의 패턴대로 되돌아가는 횟수가 줄어들고 내 무의식에 나를 맡기는 것도 줄어든다는 것을 느낀다.

설거지를 할 때도, 청소를 할 때도 수많은 생각들로 설거지를 하는 건지 망상을 하는 건지 알 수 없었던 시간들도 이제는 속 시끄럽지 않게 평온하게 내가 해야 할 일을 할 수 있게 된 것이다.

누구나 다 하는 일이고, 당연한 일은 항상 나의 기준에서 판단하는 것이다. 내 경험과 나의 무의식, 고정 관념 등으로 바라봄으로써 평가하고 재단하며 내 틀 안에 끼워 맞추려 했다. 세상의 모든 기준을 나로부터 상대를 바라보고 상황들을 바라보았기에 이해되지 않고 부딪히고 내 뜻대로, 내 마음처럼 되지 않는다고 괴로워했던 것이다.

억압된 감정과 무의식을 정화하면서 내 마음에 텅 빈 공간을 마련하고, 아무것도 없는 상태에서 세상을 바라본다면…. 그냥 존재 이외에는 어떤 것도 없다는 것을…. 현존한다는 것을 머리로만 이해했던 것들이 가슴으로 느껴진다.

내 남편도, 우리 아이들도 텅 빈 근원의 마음이고, 순수의식이며 내가 만나는 모든 사람들이 존재 자체인 근원의 사랑임을 알게 되었다. 그리고 너와 내가 다르지 않고 우리는 모두 근원의 사랑으로 연결되어 있음도 마음으로 느낄 수 있었다.

『에크하르트 톨레의 이 순간의 나』에서는 이렇게 말하고 있다.

"의식이 외부로 향하면 마음과 세상이 생겨납니다. 하지만 의식이 내면을 향하면, 의식은 자신의 근원을 깨닫고 드러나지 않는 비현현(모든 것의 보이지 않는 근원, 모든 존재 안의 존재)으로 집으로 돌아오게 됩니다."

– 에크하르트 톨레, 『에크하르트 톨레의 이 순간의 나』

책에서는 비현현을 '깊은 고요함과 평화의 영역'이라고 말한다. 우리의 본질인 순수한 의식의 빛이라고 한다.

제일 처음 명상을 만난 이후부터 지금까지 십몇 년이 지났다. 10년이면 강산도 변한다는데 내 삶은 오히려 고통이었다. 정확히 말하면 그것을 고통이라고 느끼며 산 것이다. 그 10년 동안 많은 변화들이 있었음에도 나만 느끼지 못했다. 그 고통 속에서는 감사함도 소중함도 무색할 정도로 온전히 나의 괴로움, 고통이 삶의 전부였던 것처럼 느끼며 살아온 것이다.

마음공부든 명상이든 모든 것을 머리로 이해하고 받아들이고, 어떻게 수행해야지 깨달을 수 있는 것이냐며 책도 읽어보고 물어도 보았다. 정작 중요한 것은 진정 나와 만나는 시간이 없었다는 것이다. 머리만 커졌고 현실과의 괴리감만 커지고 있었다.

모든 것을 머리로 이해하고 있을 때 그 답답함, 알 듯 말 듯…. 이렇게 하는 것이 맞는 것인지, 끊임없는 의문들은 나를 혼란스럽게도 하였다. 하지만 이 모든 것이 명상을 하고, 마음공부를 하는 과정이었던 것이다.

나와 온전히 만나는 시간, 나의 내면에 집중하면서 그동안 나의 억압된 감정들을 들여다보고 나의 무의식이 내 현실을 반영하는 것을 알게 된 이후부터 내 삶의 작은 것부터 변하기 시작했다.

머리로만 이해하던 것을 실행으로 옮기는 것. 온전히 나에게 집중하며 내 마음이 일어남을 알아차리고 그 마음 안에서 일어나는 일들을 관찰하는 것이다. 그리고 그 모든 것을 가슴으로 느낀다.

거울은 나의 텅 빈 근원의 마음, 순수의식으로 들어가는 하나의 방법이고 수단이다.

내가 지금 있는 이 공간을 거울을 통해 마음의 눈으로 바라본다. 나의 괴로움과 고통은 내가 만들어낸 허상이라는 것을 마음의 눈으로 바라보게 하는 것이다.

그리고 나의 내면에 집중하면서 억압된 감정인격체들을 만나고 텅 빈 공간 속으로 흘려보낸다. 언젠가는 거울이 있을 때나 없을 때나 나의 내면에 집중하며 내 안의 평온함을 있는 그대로 느끼게 될 것이다.

만약 나와 만나는 시간이 없었다면? 내가 거울을 보며 나를 들여다보고 나의 억압된 감정을 느끼며 무의식을 정화하지 않았다면? 여전히 난 지난 과거를 되새김질하며 나 스스로 만든 감옥에서 괴로워하고 있을 것이다. 매번 똑같은 패턴으로 아무리 더 나은 미래를 만들고자 노력해도 제자리를 경험하며 그와 같은 미래가 기다리고 있었을 것이다.

하지만 이제는 이 괴로움에서 벗어나는 방법을, 스스로 치유할 수 있는 방법을 알고 있다.

그렇게 나는 매일 거울 앞에 앉아 나와 마주한다. 여전히 내 삶의 치유 과정 속에서 화가 날 때도, 속상하거나 자책할 때도, 힘들 때도 있지만 어제보다 오늘이 나아지고 있음을 안다.

5장

—

난 지금 있는 그대로 행복하다

나를 있는 그대로 사랑하게 되다

사람들은 자기 자신에 대해 어떻게 생각하며 살까? 예전에 TV 프로그램 중에 관중들과 함께하는 프로가 있었다. 그중 〈개그콘서트〉를 볼 때한 번씩 관중석의 웃는 사람들이 화면에 비쳐질 때가 있다. 그럼 난 저기저 사람은 행복할까? 그냥 화면에 비친 처음 보는 사람의 모습에서 '저사람의 삶은 행복할까?'라는 생각을 해본 적이 있다. 전혀 모르는 사람의삶이 궁금했던 마음…. 그 마음의 기저에는 무엇이 있었을까? 나의 현실에 대한 불만, 아님 새로운 삶을 살고 싶은 갈망, 완전히 모르는 사람, 처음 태어나서 다시 살고 싶었던 마음, 아무도 나를 알지 못하는 곳에서 다시 시작하고 싶었던 마음….

누구나 한 번 정도는 그러한 것을 생각하지 않았을까? 예민하고 상처 잘 받는 나로선 그때 그런 마음들이었다.

나에 대한 부정성, 자존감이 낮아 스스로 질책하고, 부족하다 여기며 타인의 말과 행동에 쉽게 흔들렸다. 그러면 그 속에서 또 나는 왜 강하지 못할까? 똑 부러지지 못할까? 그 당시에 하고 싶었던 말을 하지 못하고 뒤늦게 후회하였다. 나 스스로 당당하지 못함에 화가 나기도 하고 실망하기도 하며 스스로 그런 모습을 인정하지 못하고 억압하며 살아왔던 것이다.

착한 아이 콤플렉스에 걸려 내가 하고 싶은 말을 하지 못하고 항상 타인에게 맞춰주며 나를 잃어버렸던 지난 시간들…. 시간을 거슬러 올라가 보면 어렸을 때부터 그런 생활을 해오고 있었다.

한 번씩 생각나는 초등학교 때 모습이 있다. 초등학교 6학년 때 남자 남자, 여자 여자 이렇게 짝을 지어 자리를 앉는데 남자, 여자 인원수가 맞지 않아 그중 한명은 남자, 여자 이렇게 앉아야 했다. 그때 친구들의 설득으로 내가 그렇게 앉기로 했다. 그렇게 양쪽으로 편이 나뉠 땐 어느 한쪽을 선택하지 못한다. 나의 마음보다는 타인의 바람에 부흥하며 나의 존재를 인정받고자 했다. 그렇게 남자아이랑 짝이 되면서 그 남자애는 여자애랑 앉기 싫었던 마음을 나에게 공격하였고 그렇게 많이 싸웠던 기억이 난다. 그때의 그 마음은 어떠했을까? 내가 선택한 것이긴 하지만 내가 원치 않음에도 그렇게 선택하며 힘들어야 했던 것이다. 이러한 패턴이 내가 성인이 되면서도 이어졌다.

여성단체에서 사표를 낸 날 집으로 돌아오는 지하철 안에서 친구에게 연락을 받았다. 친구가 운영하는 치료센터에서 함께 일하지 않겠냐는 제의를 받았다. 그렇게 친구와 함께 일을 하였고, 나의 친구는 또 다른 친구들을 불러 함께 일을 하게 되었다. 고용주와 고용인의 관계, 친구들이 함께 일을 하게 되면서 마음의 갈등이 생기기 시작했다. 나의 가장 친한 친구가 고용주다. 그리고 다른 친구들과 다른 선생님들과 함께 일을 하면서 고용주에 대한 불만들이 발생할 때 그 중간에서 많이 힘들었다. 어느 편에서든 마음이 편하질 않았다. 공과 사의 구분이 불명확한 상태에서 고용주인 친구에게 얘기하기도 어렵고 그렇다고 고용인으로서의 일적인 부분들을 처리하는 것이 쉽지 않았다. 그때 난 정말 말도 안 되는 핑계를 대며 그만두었다. 나의 가장 친한 친구에게는 그간 나의 갈등과 어려운 상황에 대해 한마디도 하지 않고 다른 나의 개인사로 일을 그만 둔다고 하였던 것이다.

일종의 회피였다. 그때 정확하게 내 마음을 이야기하지 못한 것이 억 압되었고 그 불편한 마음은 내가 그 친구에게 먼저 연락하거나 그 예전 처럼 친밀한 관계를 유지하기 힘들게 했다.

항상 마음에 무엇인가 걸려 있는 느낌…. 한 번은 얘기하고 싶었던 마 음이 벌써 10년이 넘게 지나버린 것이다.

시간이 지나서 생각해보면 별일 아닌 것 같지만 그때 당시엔 그것이 그 삶의 고통이다.

사소한 일들에 대한 감정들부터 내가 견디지 못할 만큼 큰 트라우마까 지 우리는 태어나서부터 지금까지 내가 느끼고 있는 이 감정들로부터 자 유롭지 못함을 느낀다. 그리고 이것들은 나를 느끼는 마음과 나에 대한 태도로 나타난다.

사례관리를 하다 보면 생애 전반에 걸쳐 다양한 삶과 마주한다. 어린 시절 아동학대의 경험을 한 아이부터 가족의 외면 속에 혼자 쓸쓸히 죽 음을 맞이하는 노인까지….

그 삶 속에서 그들이 살기 위해서 어쩔 수 없이 선택했던 삶의 태도들이 있음을 알게 된다.

거울명상을 하면서 문득 지난 기억들이 떠오른다. 지금 생각하면 정말 별일 아니었음에도 그때는 억울하고 슬프고 화나고 힘들게 느껴졌던 경험들이 생각날 때 느껴지는 감정들 또한 함께 올라온다. 그리고 보면 정말 사소한 것에 나도 모르게 내 감정을 억압하고 기억 저편에 쌓아 두고 있다는 것을 알게 된다. 그동안 그 수많은 감정들을 어떻게 처리해야 하는지 알지 못한 채, 그 누구에게도 어떻게 해야 한다는 것을 배우지 못하며 살아왔던 것이다.

이렇게 나에 대한 부족한 마음, 나의 취약성을 있는 그대로 인정하지 못하고 수치심과 회피, 우울감, 열등감. 죄책감 등 각종 부정성 등이 내 안에 억압되어 있었던 것이다. 이것은 결혼과 출산으로 경험하지 못했던 새로운 현실들을 받아들이는 과정 속에 호르몬 불균형이 도화선이 되어 우울증이라는 질병으로 나타났다.

우울증을 겪어본 사람들은 알 것이다. 내 의지와 상관없이 무너짐을 경험하고 일상생활이 점점 어려워지며 자신만의 감옥에 갇힌 것이 얼마나 괴롭고 힘든 것인지를….

　그런 나의 모든 치부가 드러나는 정점에서 비로소 새로운 삶을 살겠다
는 마음을 낸 것이다.

　그동안 억압된 감정들과 무의식이 나의 현실로 반영되어 그 속에 그
과거의 감정들에 갇혀 괴로움을 반복하고 있음을, 그것은 누가 만든 것
이 아닌 내가 만든 환상 속에서 '내가 괴로운 것이 아니라 괴롭다고 느끼
고 있음'을 알게 되면서 내 안의 틀이 깨지기 시작한 것이다.

　그리고 그 억압된 감정들을 정화하는 과정 속에 나를 더욱 들여다볼
수 있게 되었고 '나'에 대한 관점, 나를 보는 태도가 바뀌게 되었다.

　'자기 자신을 사랑하라'는 말을 많이 듣는다. 하지만 정작 자신을 어떻
게 사랑하는지는 잘 모른다. 나 또한 나를 사랑한다는 것이 어떤 의미인
지, 어쩌면 사랑이라는 것 자체를 잘 모르고 살았던 것은 아니었을까?

　매일 거울을 마주하면서 나는 나를 직면한다. 그리고 있는 그대로의
모든 모습을 들여다보면서 나에 대한 어떠한 평가도 분별도 없이 바라본
다.

　거울을 보면서 '넌 겁쟁이야', '넌 무식해', '넌 너무 형편없어', '아무도

사랑하지 않아', '아무도 인정하지 않아', '항상 부족해' 등, 부정성을 대표하는 질문들을 던질 땐 내 마음에 저항이 올라오면서 얼굴에 낯뜨거움이 느껴질 때도, 때론 울분이 올라올 때도 있다.

항상 내 모든 것을 받아들인다고 하지만 정작 거울 앞에서 이러한 질문들을 던질 땐 내 마음의 요동침을 느낄 수 있다. 그 말에 가슴 아파오고 저려오는 것을 느낀다.

그리고 그런 상처받은 마음들을, 그 억압된 감정들을 텅 빈 공간 속에 흘려보내며 나 또한 텅 빈 마음으로 돌아간다.

거울명상을 하던 중, 이러한 나의 억압된 감정들을 정화해나가는 속에 그 친구와 통화를 하게 되었고, 그 대화 중에 자연스럽게 지난 시절 그때 그렇게 하지 못했던 얘기들을 할 수 있었다.

미움의 마음도, 원망의 마음도 아닌 있는 그대로 얘기하며 서로에 대한 생각들을 확인하였고 그 친구에게 진정으로 고마운 마음이 올라왔다. 그리고 그 친구에게 "고맙다."라는 말을 하였다. 그 친구 또한 나에게 그때 그렇게 서울로 올라와서 자리를 잡는 것에 대해 용기 있다고 생각했다는 말을 한다. 10년 만에 그 친구의 마음을 알 수 있게 된 것이다.

이제는 안다. 나를 어떻게 사랑하는지, 그리고 나를 있는 그대로 사랑하는지….

그리고 더 이상 나를 억압하고, 부정하고, 자책하고, 후회하지 않는다.

그 속에서 나의 참된 '나'를, 텅 빈 근원 속에 살아가는 온전한 나가 있음을 알게 된 것이다.

0
2

감사하는 인생으로 바뀌다

'감사합니다. 감사합니다. 감사합니다.'

진정으로 '감사합니다'라는 마음을 느꼈던 적이 있는가? 어떠한 조건 없이 이 존재함에 대한, 그냥 이 세상에 태어난 것만으로 감사한 마음이 들었던 적이 있을까….

지난 시절엔 나의 생명 저 밑바닥에서부터 '감사합니다'라는 말이 느껴지지 않았다.

그 현실의 괴로움 속에선 내 삶이 곧 불행이라 생각했다. 세상이 모두 부정적으로 보였다. 불평불만으로 삶이 점철되어 있었고 항상 우울하고 즐겁지 못했다.

그러한 상황에서 진심으로 삶에 대한 감사함은 딴 세상 언어였다. 한 번 가라앉은 마음에서 삶에 대한 감사함과 사랑이라는 고양된 마음으로 끌어올리는 것은 여간 힘든 것이 아니었다. 그런 상황 속에서도 끊임없이 마음의 감옥에서 벗어나고자 열심히 무엇인가를 찾고 있었다.

감사 일기를 쓰면 감사한 삶으로 바뀔 수 있을 것 같아 감사 일기를 썼다. 하지만 꾸준히 이어지지 않았다. '내 삶을 바꾸어야 한다'는 의무적이고 강박적인 마음으로는 저항감이 앞섰고 더욱 무기력해짐을 느꼈다.

내 마음에서 일어남이 아니라 '~해야 한다', '~을 하지 않으면 안 된다'라는 의무감에서 행함은 마음의 부담감과 더 많은 에너지를 끌어올려야 하기 때문에 지속하는 것이 힘들었다. 내 마음이 평온하지 못하고 불편했으며 아직 더 많은 것을 내려놓지 못했던 것이다.

더 이상 버티다 내 삶에 항복하던 그때 내 마음 깊은 곳에서 이젠 정말 새로운 삶을 살고자 하는 강한 욕구가 생기면서 미라클 모닝을 하였고, 우연히 거울명상을 만나면서 의무감이 아닌 나의 진정한 마음에 따라 움직이기 시작했다.

거울명상을 하면서 그동안 억압된 감정들과 무의식을 정화하면서 무거웠던 나의 마음들이 조금씩 가벼워졌다.

눈이 오나, 비가 오나, 태풍이 불어도 그 뒤엔 항상 태양이 있다. 그 태양은 그 자리에 그대로 있지만 먹구름으로 가려졌기에 태양이 보이지 않는 것뿐이다. 이처럼 나는 태양과 같이 온전히 그 자리에 있었다. 단지 삶에 대한 내 마음, 그동안 억압된 감정들과 무의식으로 '나'라는 '태양'이 가려져 있었던 것이다. 그 먹구름이라는 괴로움이 조금씩 걷히면서 온전한 '나'가 드러난다.

지금 이 순간 지나온 삶을 되돌아보면 모든 것이 '감사한 인생'이었다. 단지 내가 인정하고 받아들이지 않고 있었던 것이다. 내가 느끼는 현실이 너무 힘들고 고통스럽다는 생각에. 먹구름에 가려진 태양의 밝음처럼 말이다.

'지금, 현재, 이 순간의 삶' 그것이었다. 지금 현재 이 평온함을 느끼지 못하고 나는 항상 과거와 미래를 오가며 살아왔던 것이다. 그 속엔 '감사함' 대신에 '불안과 후회', '걱정'만 있을 뿐이었다.

유튜브의 알고리즘은 나의 무의식과 통하는 것일까? 유튜브를 열면 알고리즘으로 연결된 영상들이 뜬다. 정말 생각지 못했던 영상들이 어떻게 연결되었는지 혼자 속으로 신기해하기도 했다.

어느 날 우연히 젊은 부부의 영상을 보게 되었다. 결혼 3년 차, 남편은 간암 말기로 얼마 남지 않은 삶을 살고 있었다. 아내는 그런 남편의 모습을 하루라도 더 남기고픈 마음에 남편과의 투병 생활을 영상으로 남겨놓는다. 부인이 남편을 떠나보내야 하는 그 마음…. 상상으로도 느껴지지 않을 정도의 슬픔이었을 텐데…. 그 영상에는 슬픔을 느끼기보다는 초연함, 평온함, 온전한 사랑만이 느껴질 뿐이었다.

남편이 떠나고 부인은 남편에게 편지를 보낸다. 자신을 선택한 남편에게, 그 짧은 결혼 생활 동안 보여줬던 사랑에 너무도 행복했다는 아내의 감사한 마음이 고스란히 내 마음으로 스며들었다.

죽음 앞에서 우리는 매일매일, 이 순간의 소중함, 살아 있으며 존재하는 것에 대한 감사함을 느낀다. 감각, 즉 오감으로 느끼는 이 몸이 이 세상에서 사라진다고 느껴질 때 사랑하는 사람과 더 이상 함께하지 못하고 더 이상 존재할 수 없다는 두려움이 지금의 삶에 대한 애착으로 나타나는 것은 아닐까?

하지만 내가 괴롭고 힘들 땐 어디론가 사라지고 싶고 더 이상 삶을 살고 싶지 않는 마음에 '지금 이 순간'의 소중함을 잃어버린다.

그리고 내 몸과 동일시되어 나의 생각이 생생한 현실이라 믿으며 괴로움 속에 갇혀버린다. 그리고 무한 반복적으로 그 괴로움을 되풀이하며 살고 있는 것이다.

관찰자의 입장에서 그러한 삶을 지켜본다. 거울명상을 하면서도 때론 불같이 화가 날 때도 있고 미워하고 원망하는 마음이 나타날 때도 있다. 오히려 거울명상 전보다 더 예민하게 감정을 느낄 때도 있다. 그 전엔 인식하지 못하고 완전히 무의식적으로 처리되던 감정들이 지금은 지켜봐지기 때문에 그것이 감정인격체라는 것을 알면서, 습관처럼 일어나는 나의 태도나 행동들을 바라보게 된다.

아이의 모습에서 나의 부족함을 느낀다. 아이에게 주의를 주고 혼을 낼 때도 마음으로는 아이를 혼내는 것이 아닌 나에게 하는 말인 것을 안다.

그렇게 내가 삶을 대하는 태도를 관찰자 입장에서 바라보게 되면서 그 문제나 상황에서 한 발짝 떨어져 전체를 볼 수 있게 된다. 그리고 내가 어떤 패턴으로 삶을 살고 있는지 확인하게 되는 것이다.

거울명상으로 나를 객관적으로 보려는 힘이 생기면서 나에게서 벗어나 다른 이들에 대해 어떠한 편견과 분별없이 바라보려는 마음이 생긴다. 그러면서 '나'라고 하는, '나만의 문제'라고 인식하며 매몰되었던 감정들에서 벗어나 타인을 이해하고 그 상황을 다른 관점으로 바라볼 수 있는 힘이 생긴 것이다.

'왜 나만 이렇게 힘들고 괴로운 것일까?'라고 나에게 매몰되어 있던 작은 마음에서 '나'만 그런 것이 아니라 사람으로 태어난 이상 모든 사람은 자신들의 삶의 무게를 견뎌야 하는 것임을 알게 되었다.

그 사람이 직접 되어보지 않는 이상 아무도 알 수 없는 것이다. 그러면서 눈에 보이는 모습으로 판단하며 부러워하기도 하고 우월감에 사로잡히기도 하면서 살아간다.

그동안 수백 명의 사람들을 만나고 사례관리를 하면서 단 한 사람도 같은 인생을 살아가는 모습을 단 한 번도 보지 못했다. 한 사람 한 사람, 각자 인생을 살고 있는 것이다.

이 삶 속에서 우리는 무엇을 느끼고 살아갈 것인가? 내가 이 세상에 태어난 이유는 무엇일까? 지구라는 공간에서 내가 이번 생에 풀어야 할 숙제들이 무엇인지, 내가 맡은 역할이 무엇이지를 깨닫고 그 삶을 있는 그대로 받아들인다. 그리고 그것은 내가 아니고 나에게 주어진 역할이며 배역임을 안다.

이 역할들을 잘 수행할 수 있게 만나게 된 나의 모든 인연에 감사하다. 무의식에 공명되어 나의 성장을 위해, 억압된 감정들과 무의식을 정화할 수 있는 기회를 이 세상은 끊임없이 보여주고 있다. 현실의 괴로움은 삶의 기회이고 축복이 되는 것이다. 그것을 알기 위해, 그것을 마음으로 느끼고 싶고 내 삶의 주인으로서 내가 원하는 인생을 살기 위해….

거울을 마주본다. 그리고 '존재 자체'에 감사함을 느낀다.

항상 존재 자체가 사라지고 버림받을 것 같은 두려움, 사랑받기 위해 안절부절하지 못했던 지난 삶… 그 습관이 이 무의식의 뿌리가 하루아침에 정화되진 않지만 그러함 속에서 나의 존재, 나의 신성과 만나고, 나의 텅 빈 근원의 마음으로 순수의식으로 온전히 존재함을 느낀다. 그러면서 내 마음 깊은 곳에서 부모님의 사랑을, 남편의 사랑을, 자녀들의 사랑을 느낄 수 있다. 원망과 미움이 사랑으로 바뀌면서 '감사합니다'라는 진심을 만난다.

감정에 휘둘리지 않는 삶을 산다는 건

'감정에 휘둘리지 않는 삶'이란 어떤 것일까? 한때 명상에 대한 환상을 가지고 있었다.

명상을 통해 깨달음을 구하고, 그렇게 깨달은 자는 부처님이나 예수님과 같은 성인으로 완전한 인격과 해탈의 경지에 이르는 삶을 살아갈 것이라고 생각했다. 그러한 삶에는 병에 걸리지도, 경제적 어려움도 없을 것 같았다. 그리고 우리가 알고 있는 수많은 영적 스승들처럼 높은 깨달음으로 현실과 다른 세계의 삶을 살고 있을 것이라는 나만의 착각 속에 있었다.

한마디로 깨달음을 구하면 유토피아 같은 새로운 세계가 펼쳐질 것만 같은, 나도 모르게 그런 상상과 동경을, 그러한 목적을 위해 명상을 행하려 했다. 하지만 그것은 내가 만들어낸 생각과 관념일 뿐이었다. '깨달은 사람은 이런 사람들이야.'라고 나 스스로 규정짓고 있는 것을 알게 된 것이다.

그러한 영적 스승들도 이 현실 속에서 똑같이 살아가고 있다. 인간이라는 몸으로 살아가는 동안 먹고, 생존을 위해 일을 하고, 때론 결혼을 하고, 자녀들도 키운다. 아파서 병에 걸리기도 하고, 죽음을 맞이한다. 지구라는 이 공간에 사람으로 태어난 이상 그 누구도 생로병사와 희로애락을 피할 수 없다. 다만 이 순간 깨어 있는 삶을 살면서 이 삶을 완전히 받아들이고 어떠한 것에도 거리낌 없는 자유로운 영혼으로 살고 있는 것이지 않을까?

우리가 제일 힘든 것은 어떤 경계에 부딪혔을 때 그것에 대한 나의 반응과 불편함, 괴롭다고 느끼는 것이다. 잔잔한 호수에 돌멩이를 던지면 파동이 일어난다. 삶에 돌멩이 같은 외부 자극이 있을 경우 우리는 즉각적인 반응이 일어나며 감정의 파동을 느낀다.

모든 사람들에게 똑같은 자극이 주어진다고 했을 때 개개인 모두 다른 생각과 다른 반응을 보인다. 그것은 우리가 가지고 있던 무의식과 억압된 감정들에 따라 달리 나타나는 것이다.

똑같은 인연이지만 누구에겐 귀인이 될 수 있고, 누구에겐 악연일 수 있는 것처럼 우리가 가지고 있는 무의식에서 공명되어 현실로 나타나는 것임을 알 수 있다.

그렇기 때문에 이 순간 깨어 있는 삶을 살고자 하는 것이다. 감정에 휘둘리지 않는 삶이란…. 이 순간 깨어 있는 삶인 것이다. 그리고 일어나는 감정들을 억압하지 않고 흘려보내는 것이다.

내 마음에서 일어남을 알아야 하는데 항상 스스로 평가하고 단정짓는 습관으로 그 감정들을 외면하면서 '아닌 척', '고귀한 척' 가면을 쓰며 살아왔다.

누구와 마찰이 있을 경우 화가 나지만, 요즘 명상을 하고 있으니 좋은 모습을 보여야 한다는 생각으로 내 감정을 누르고 대처할 경우 그 감정은 흘러가지 않고 억눌려 있다가 다른 곳에서 감정들이 폭발하는 것을 알 수 있다. "종로에서 뺨 맞고 한강에 화풀이한다."라는 속담이 있듯 아빠에게 혼난 것을 애먼 강아지에게 화풀이한다. 그 감정은 내 안에 계속 남아 있어 어느 경계에 부딪힐 때 다시 나타나는 것이다. 그 순간 느끼는 감정을 알아차리고 그것을 억지로 참는 것이 아니라 흘려보내야 한다.

어떠한 상황 속에서 그것을 알아차리는 것은 쉽지 않다. 내 마음에 집중하고 깨어 있지 않으면 내 몸이 나라고 여기게 된다. 그러는 동안에는 그 마음이 일어남과 동시에 내 몸은 그 감정과 한 몸이 되어 내가 곧 그 감정이 되어버린다. 화가 난 상태면 그냥 화를 내고 있으며 원망하는 마음일 경우는 상대를 원망하고, 수치심이 생기면 그 수치심으로 괴로워하는 것이다.

생활 속에서 올라오는 감정을 알아차리는 것은 '순간'이다. 그 짧은 찰나에 그것을 인지하지 못하면 우리는 그 감정대로 행동하고 있음을 알게 된다. 그렇게 우리에게 일어나는 감정을 알아차리고 흘려보내는 것이 훈련되지 않으면 우리는 항상 감정에 휘둘리는 삶을 살게 되는 것이다.

마음공부를 하고 명상을 하고 있으니 성인이 되어야 하고, 매우 도덕적이고 인격이 높은 사람이 되어야 한다는 관념에서 벗어나 지금, 현재 내 마음에서 일어남을 알아차리는 것이다.

화를 내고 안 내고가 아니라 내 마음에 현재 일어나는 화를 알아차리고 지켜볼 때, 그 힘이 강해져 매 순간 나의 감정들이 지켜봐질 때, 어떤 경계에 부딪히더라도 그 평온함을 느낄 수 있는 것이 아닐까?

난 우울증을 앓았고 불안이 높은 사람으로 외부적 환경에 대해 더욱 민감하고 예민했다. 조그만 자극에도 쉽게 반응하고, 화를 내거나 짜증을 내는 경우가 많았다.

화를 잘 내지 않기 위해 노력하였지만, 나의 억압된 감정들과 무의식이 정화되지 않는 상태에서는 그 순간만 잠잠할 뿐 끊임없이 나를 따라다녔다.

그렇게 화가 잘 나지 않는 사람, 감정적이지 않은 사람으로 나를 바꾸려 했다. 바꾸려 하면 반발심이 생긴다. 이 에고의 작용들이 일어남을 그때는 알지 못하고 매번 좌절을 경험하며 또 나를 불신하게 되면서 점점 부정적으로 변해가고 있었던 것이다.

살면서 바쁘다는 이유로 온전히 나 자신을 돌아보지 못했다. 그냥 그렇게 시간에 떠밀려 삶을 견디고 있었다. 매일 똑같이 반복되는 삶이었다. 많은 사람들이 그렇게 산다고 하지만 유독 나만 더 힘들고 어렵게 느껴졌다. 끊임없이 다른 이들의 삶에 관심을 가지고 나를 비교하고 있었던 것이다.

거울명상을 통해 무엇보다 나의 내면에 집중하면서 내 삶을 되돌아보는 계기가 되었다. 괴로움 속에 빠져 과거의 삶을 무한 반복하는 도중에 멈춤이 찾아왔다. 과거의 삶이 잠시 멈춘 순간, 나는 나를 새롭게 조명할 수 있는 기회를 가진 것이다.

이제는 나의 감정적 반응들이 내가 아님을 알기 때문에 나를 애써 바꾸려 노력하지 않는다. 이미 나는 텅 빈 근원의 마음이고, 순수의식이고, 신성이며 온전한 참 자아라는 것을 안다. 나라고 믿었던 것은 그동안 나를 억압했던 나의 감정인격체들이며 이러한 현실은 나의 무의식에서 나타나는 것임을 알게 된 것이다. 그것을 알지 못했다면 지금까지 내가 만든 감옥 속에서 매일 반복되는 삶을 살고 있었을 것이다.

다른 사람의 시선에 민감하지 않으며 오로지 나의 텅 빈 근원의 마음과 순수의식에 대한 믿음이 생긴다.

여전히 내 삶을 치유하는 과정에 있으며, 이 순간에 깨어 있기도 하고, 몸과 감정이 하나 되어 의식하지 못한 채 그 감정의 인격체로서 그 순간을 보낼 때도 있다.

그리고 깨어 있지 못함을 자책하는 나를 지켜본다. '왜 안 될까?'라는 의심의 마음도 있는 그대로 인정한다. 그렇게 반복적으로 훈련하는 과정에서 어느 순간 과거와 미래가 아닌 이 순간을 살아가고 있음을 자각하는 때가 있을 것이다.

그러한 힘이 강해질 때 더 이상 감정과 내가 한 몸이 되지 않고 어떠한 경계에도 흔들림 없이 나의 중심, 나의 본성이 드러나지 않을까?

매일 거울을 보면서 나의 인생 드라마를 본다. 오늘은 어떤 감정을 느끼며 현실에서 어떤 반응을 보였는지…. 나를 관찰한다.

짝이 되는 모든 감정들을 흘려보낸다. 그리고 나의 텅 빈 근원의 마음으로 돌아간다.

0
4

삶의 시작은 지금부터이다

내 삶은 생존 모드로 숨만 쉬어도 에너지가 빠져나가는 상태였다. 매 순간 긴장의 연속이었고 불안과 우울을 동반하며 불안전한 삶을 이어오고 있었다.

내가 살아 있음을 내 존재 가치를 확인하기 위하여 끊임없이 어떤 것을 배우려 하였고 또 다른 일들을 벌였다. 모든 일을 할 수 있을 것 같은 마음은 현실의 벽에 부딪히면서 좌절과 불안, 스스로에 대한 불신으로 나를 억압하고 있었다. 막다른 골목길로 밀어 넣고 한계를 짓는 것이 나라는 것임을 알지 못한 채, 분명 내가 선택한 삶에 대해 책임지고 있다고 생각했지만 실로 책임지는 모습이 아니었다.

지난날의 반복된 삶이 영원할 것만 같았지만 힘들고 괴로웠던 마음은 지금, 이 순간 하나의 이미지로 남아 있다. 억압된 감정들을 흘려보내고 무의식을 정화하는 속에 내 마음의 공간이 조금씩 확장되고 나의 망상이 줄어들고 있음을 느낀다.

나의 생활에서 매 순간 깨어 있으려 노력하고 내 안에 일어나는 감정에 주의를 기울이면서 온전히 나를 느낀다. 나의 감정인격체가 날뛰는 것을 지켜보기도 하고 여전히 동화되기도 하지만 나의 존재를 부정하지 않는다.

나를 온전히 지켜보면서 나는 나를 마주할 용기를 가진다. 그리고 삶이 긍정적으로 바뀌는 삶의 전환점을 맞이한다. 그것은 지금 바로 이 순간.

내가 살아가는 것은 지금 바로 이 순간뿐이다. 이 글을 쓰면서도 온전히 글을 쓰는 데 주의를 기울이지 못하고 내 글의 평가에 대한 두려움, 타인의 시선 등을 생각하며 불안하거나 걱정하는 마음이 든다면 난 또다시 지금, 이 순간에 머무르는 것이 아니라 미래의 생각에 갇혀버리는 것이다.

  지금 바로 이 순간의 평온함을 느껴보자. '～해야 하는데'라는 강박으로부터 느껴지는 불안감에서, 누구를 미워하고 원망하는 마음, 지난 과거에 대한 후회로 느껴지는 수치심, 타인과 비교하며 느껴지는 열등감 등에 대해 있는 그대로 인정하면서 흘려보낸다. 어떠한 분별심도, 옳고 그름도, 좋고 나쁨도 없이 이 모든 감정을 허용하고 나의 지금 상태를 받아들이는 것이다. 그것은 결코 쉬운 일이 아니지만 불가능한 것도 아니다.

  조 디스펜자의 『당신도 초자연적인 될 수 있다』에서 심리 상담가인 애나의 사례를 들려준다. 애나는 부유하고 아이들과 행복한 생활을 하고 있었으나 남편의 갑작스러운 자살로 인하여 삶의 전환점을 맞이한다. 남편의 자살이라는 커다란 충격과 트라우마는 뇌에 신경학적으로 각인이 되어 끊임없이 부정적인 감정들에 매몰되어 있었다. 수년간 스트레스와 부정적 감정에 중독되었던 애나는 만성 우울증과 위암으로 고통받았다. 아이들과 새로운 삶을 살겠다는 다짐 이후 애나는 명상을 지속하였다. 새롭게 생각하고 느끼고 행동하면서 새로운 성격이 되었다. 몇 년 만에 처음으로 감사한 마음과 기쁨을 느꼈으며 스트레스 호르몬들이 야기한 감정 중독에서 벗어났다. 그리고 모든 병에서 자유롭게 되었다. 암이 발병한 지 1년 9개월, 남편이 떠난 뒤로 6년 만에 암이 치유되었단 판정을 받은 것이다.

현재 애나는 매우 건강하며 행복하고 평온한 생활을 하고 있다. 경제적으로도 어려움이 없으며 좋은 사람들과 함께 풍요로운 삶을 살고 있다.

"과거 힘들었던 시기에 대해 물어보면 애나는 그때 그렇게 힘겨운 시간을 보낸 것이 일생일대의 행운이었다고 말한다. 당신에게 일어난 최악의 일이 최고의 일이 된다면 어떻겠는가? … 애나는 변형의 과정을 통해 사실상 '초자연적'이 된 것이다. 과거와 연결된 정체성을 극복했고, 말 그대로 새롭고 건강한 미래를 창조했으며 자신의 새로운 마음에 몸의 생물학이 반응을 한 것이다."

— 조 디스펜자, 『당신도 초자연적이 될 수 있다』

애나의 성공담에서 결과보다는 애나의 그간의 과정을 이야기하고 싶었다. 이 글을 접하고 있는 사람이라면 누구나 애나와 같이 삶의 시련을 겪었을 것이다. 그리고 그것을 극복하고자 마음공부를 하는 것이며 그중에 거울명상이라는 도구를 선택한 것이다.

지난 감정의 중독에서 벗어나 의식의 흐름을 바꾸기 위해 많은 시간이 걸린다는 것을 우리는 안다.

나 또한 거울명상을 하면서 좋은 일만 있는 것은 아니다. 부정적 감정이 휘몰아쳐 또다시 예전의 나로 돌아갈 상황과 직면해야 했다. 또한 나를 들여다보면서 나와 아이를 동일시하였고 아이를 통해 내 모습을 보면서 괴로워하기도 했다. 나의 가장 취약한 부분이 드러나면서 나의 생활에서 우선순위를 정하는 것조차 힘겨워하기도 했다.

하지만 변화는 일직선처럼 변화하는 것이 아니라 나선형과 같이 일어나고 있었다. 앞으로 나아가는 것 같으면서도 다시 뒤로 퇴보하는 것처럼 느껴졌다. 그것이 반복적으로 재생산되었지만 그 속에 삶의 자각, 새로운 교훈을 얻게 된다. 그리고 그 경험치로 또 한 발짝 앞으로 나아가는 것을 알게 된다. 우리는 그렇게 변화하고 성장하고 있는 것이다.

내 삶의 괴로움이 없었다면, 나를 온전히 들여다볼 수 있는 기회가 있었을까?

거울명상을 만나면서 이 현실이 내가 만들어낸 홀로그램이고 영화라는 것을 그 속에 우리가 맡은 배역을 열심히 연기하고 있음을 지켜볼 수 있었을까? 억압된 감정의 인격체들이 자신을 알아봐 달라고 아우성치는 현실을 받아들이고 인정할 수 있었을까?

새벽에 나의 내면에 온전히 집중하고 억압된 감정들을 느끼고 흘려보내면서 더 이상 감정들과 동화되지 않고 나를 지켜보는 힘을 가질 수 있었다.

생활 속에서도 매 순간 느껴지는 감정들을 알아차리고 억압하지 않으려 노력하는 나를 보게 된다.

과거의 그 부정적 감정들에 중독되었던 내 마음으로부터 조금씩 벗어나고 있음을 느낀다. 여전히 후퇴와 퇴보를 경험하지만 결코 지난 과거로 되돌아가는 것이 아님을 안다.

그리고 조급해하지 않는다. 무엇인가를 이루려고 애쓰지 않으며 의미를 부여하지 않는다.

모든 것을 있는 그대로 받아들이고 인정하려고 하는 것이다. 나의 존재를 확인하기 위해 더 이상 에너지를 쓸 필요가 없음을 안다. 그리고 이것저것 하고 싶어 하는 나의 욕심을 알아차리고 내가 감당할 수 있는 몫만큼만 한다. 그렇게 하지 못하고 가지지 못하는 것에 대해 집착을 하지 않는다.

그렇다고 아무것도 하지 않는 것이 아니다. 삶에 내맡긴다고 어떠한 것도 도전하지 않고 가만히 있는 것이 아니라 결과에 대해 집착하지 않으며 최선을 다하는 그 과정을 즐긴다는 뜻이다. 그 과정은 그 누가 시킨 것이 아니며 내가 원하고 내가 즐겁고 행복한 방향으로 이끌어갈 것이다.

그리고 그 모든 것은 내가 선택하고 책임지는 것이다.

나의 무의식과 억압된 감정인격체들이 삶을 살아가는 것이 아닌 온전히 내가 삶을 살아가는 것이다. 이 순간 깨어 있으며 많은 생각 속에 헤매던 삶에서 심플하고 간결하게 있는 그대로 삶을 살아가는 것이다.

『당신도 초자연적이 될 수 있다』에서 애나처럼 우리도 언젠가는 새로운 삶을 살고 있는 모습을 보게 될 것이며 그러한 삶의 시작은 바로 지금인 것이다.

0
5

나를 마주할 용기를 가지다

"엄마, 오늘도 거울명상 했어?"

"응. 새벽에 일어나서 했지."

"거울명상은 왜 하는 거야?"

"엄마 자신을 들여다보는 시간이야. 엄마가 느끼는 감정을 돌아보고 풀어주는 거야. 친구랑 싸웠을 때 기분이 어때? 엄마한테 혼났을 때?"

"당연히 속상하지."

"그 속상한 마음을 알아주는 거야. 우리 『42가지 마음의 색깔』이라는 책 읽었지. 책에서 보면 감정에도 여러 감정이 있는 것을 알았지. 그러한 마음을 스스로 알아주고 토닥여주는 거야."

"그런 거구나, 엄마 많이 해."

첫째는 그렇게 아는지 모르는지 휙 하고 돌아서 그림을 다시 그리기 시작했다.

매일 하는 것이 일상이 되어버렸다. 매일 새벽에 일어나 커다란 화장대 거울 앞에 앉는다.

딸이 한 말이 생각난다. "거울명상은 왜 하는 거야?"

나의 있는 모습을 그대로 바라보는 것. 그것은 나에 대한 용기였다.

살면서 내 자신이 싫고 비참한 기분이 들 땐 거울을 들여다보기가 두려웠다. 화장실 거울 속에 비친 내 모습이 너무도 초라하고 보잘 것 없이 느껴져 눈을 얼른 감아버리고 세수만 하고 나왔던 것처럼….

나의 현실을 부정하고 회피하며 삶을 살고 있었던 것이다.

매일 조금씩 나의 취약성을 드러내고 나를 있는 그대로 인정하면서 숨어버리고 싶고 부정하고 억압하고 싶었던 감정들을 받아들이게 된다. 그러면서 내 안의 틀이 깨지면서 현실 또한 그것을 알아차리라는 시그널을 보내기 시작했다.

오히려 생활이 엇나가고, 관계에 어려움이 생기고, 생각지도 못한 불편함들이 생활 속에서 느껴진다. 예전 같으면 그것조차 인식하지 못하고 '왜 이런 일이 생겨 힘들게 하는 것인가?'라며 한탄하고 불평하고 있었을 것이다.

하지만 이젠 안다. 그것은 내가 만들어낸 것이고 내가 풀어 나가야 할 숙제라는 것을…. 나의 부정성과 지금 처해 있는 현실을 온전히 들여다보고 인정하는 것 자체가 용기이며 내 삶을 책임지겠다는 태도라는 것을 알게 되었다.

내가 믿을 수 있는 가장 신뢰하는 사람들에게 나의 취약성을 드러내고 내가 느끼는 마음들을 표현한다. 그것은 결코 부끄러운 것도, 내 존재가 사라지는 것도 아니었다. 내가 그렇게 생각하고 있는 것뿐이다.

'다른 사람들은 나를 어떻게 생각할까?', '나를 비난하면 어떻게 하지.'

끊임없이 사람들의 시선에 민감하게 반응하였다. 그리고 좋은 사람처럼 비춰지실 바랐고, 인정받고 싶어 했다. 나의 마음속 깊은 곳에서 나라는 존재가 거절당할까 봐 안절부절못하며 마음의 가면을 쓰며 살았다.

이제 그 가면을 벗을 수 있는 용기를 내는 것이다. 더 이상 마음의 가면을 쓰지 않아도 존재 자체로 빛나는 사람이라는 것을…. 충분히 가치 있는 사람이라는 것을 아는 것이다.

그동안 내 안의 억압된 감정들을 흘려보내지 못하고 내 몸 안에 가둬놓았던 그 감정인격체들이 나라고 믿고 있었다. 그 감정인격체들이 춤을 추면 나도 덩달아 춤을 추고 있었다. 함께 동화되어 내가 두려움이었고, 미움이었고, 분노였으며 죄책감이었다.

이제는 그동안 억압된 감정들을 하나하나 꺼내놓으면서 두려움, 미움, 원망, 분노, 죄책감 등과 마주한다. 그렇게 그 불편함과 두려움으로 밀어놓았던 감정들을 들여다볼 수 있는 용기를 가지는 것이다.

나만의 틀과 스스로 만든 괴로움의 감옥 속에 갇혀 그것이 삶의 전부인 양 견뎌내고 있는 삶을 살아왔다. 거울명상으로 온전히 나의 부정성을 들여다보고 인정하는 속에 '삶은 견디는 것'이 아니라 물이 흐르듯 '살아가는 것'이라는 것을 알게 되었다.

나의 선택에 나의 책임으로 살아가고 있음에도 그것을 인식하지 못한 채, 어쩌면 그것을 인정하고 싶지 않았던 마음으로 살아온 것이다.

그러니 나만의 안경으로 세상을 바라보면서, 나의 기준으로 세상을 평가하고 좋고 나쁜 것을 구분 짓고 있었다. 이러한 자각은 내가 맺고 있는 여러 '관계'를 재조명할 수 있도록 도왔다.

남편에 대한 미움과 원망은 감사의 마음으로, 나의 단점을 직면시켜주는 사람들에겐 고마운 마음이 들었다. 나의 취약성이 가장 드러나고 그래서 수치심을 느껴야 했던 관계들이 달리 보이는 것이다. 사실 그런 불편한 마음은 원망과 회피로 나타나면서 현실을 부정하고 도망가려는 내 삶의 태도로 나타나 관계에서 어려움을 겪게 되는 경우가 있다.

이제는 도망가지 않는다. 그리고 그 감정들을 지켜본다. 그 감정들을 지켜보는 속에서 나의 진실된 마음과 마주한다. 그 문제 속에, 그 상황 속에 내가 있을 땐 보이지 않았던 것들이 한 발짝 물러서 지켜볼 때 내가 알지 못했던 것을 자각하게 된다.

내가 만들어낸 현실을 있는 그대로 받아들이고 이것을 충분히 감내할 힘이 내 안에 있다는 것을 안다. 그리고 그러한 현실을 대처하는 새로운 선택을 할 수 있게 된다.

그렇게 나의 마음을 표현할 수 있는 용기가 생긴다. 예전에 기분 나쁘면 애써 외면하며 아무렇지 않은 척 했다. 내 마음을 말한다는 것 자체가 익숙하지도 않았으며 나를 어떻게 볼 것인가에 대한 두려움으로 내가 느끼는 감정을 표현하지 못했다. 하지만 거울명상을 하면서 그 상황에서 느낀 감정을 있는 그대로 표현할 수 있게 되었다.

나의 내면에 집중하면서 현재 내가 느끼는 감정이 무엇인지 자각하게 되고, 그 마음을 어떻게 할 것인가에 대해 스스로 선택할 수 있게 된 것이다.

억압된 감정을 텅 빈 공간으로 흘려보내고, 필요할 땐 상대에게 내 마음을 표현하면서 왜곡된 나의 생각이 아닌 서로의 마음을 알 수 있게 되는 것이다.

이러한 모든 과정은 나를 있는 그대로 지켜보는 것에서부터 시작되었다. 나의 취약성과 나의 부정성을 인정하고 받아들일 수 있는 용기로부터 시작된 것이다. 그 용기로부터 나의 삶이 변화하고 있었다.

데이비드 호킨스의 『의식혁명』에서 의식 지도가 나온다. 의식 세계를 수치화하는 데 있어서 용기의 수준이 200으로 내면의 참된 잠재력이 처음으로 나타나기 시작한다. 그리고 인생에 있어서 부정적, 긍정적 방향을 구분 짓는 분기점이 된다. 이 수준에서 비로소 생산성이 생긴다고 한다.

그렇게 나는 데이비드 호킨스 박사가 말한 것과 같이 나와 마주할 용기를 가지면서 내 삶이 부정성에서 벗어나 삶의 새로운 도전과 감사, 사랑의 고양된 마음으로 의식이 확장되어갈 수 있게 된 것이다.

0
6

결국 세상은 그대로인데 바뀐 것은 나였다

이 책을 마무리하는 기간 동안 난 처음으로 거울 속에 나의 모습에서 평온함과 감사한 마음과 함께 노란색 오라를 보게 되었다. 그것은 내가 거울명상을 하면서 수많은 억압된 감정들을 흘려보내고 그중에서 처음으로 내 존재에 대한 '버림받을 것에 대해 두려워'하는 나와 만나게 되면서 엄청난 감정적 에너지에 휩싸이게 되었다.

그 현실은 남편을 통해 나타났으며 '내 존재가 사라질 것 같은, 버림받고 싶지 않은, 사랑받고 싶어 하는' 내 모습을 본 것이다. 그것은 일반적인 남편과 아내, 남녀의 사랑이 아닌 존재 자체에 대한 사랑이었다. 남편을 통해 부모님과 같은 사랑과 돌봄을 받고 싶어 했던 것이다.

『거울명상』 책과, 김상운 선생님의 영상을 보면서 버림받는 것에 대한 두려움, 사랑받고 싶어 하는 사례들을 많이 보았다. 하지만 내 안에 그것이 그렇게 뿌리 잡고 있을 것이라곤 생각지 못했다. 어렴풋이 그럴 수도 있지만 정확하게 떠오르는 기억도 없었고 감정적으로 느껴지는 것도 그렇게 강하지 않았다. 어쩌면 이 글을 읽고 있는 사람들 중에 이미 나의 지난 이야기들 속에서 나의 그 마음을 읽은 분들도 있을 것이다.

그것은 나에게 하나의 전환점이 되었다. 관찰자 입장에서 나를 보게 되었고, 지금까지 내가 살아온 방식과 태도, 아이의 양육 등 내가 이해하지 못했던 나의 모습, 인정하고 싶지 않았던 내 삶의 퍼즐이 맞춰지는 것 같았다.

비단 나뿐일까? 심리학에서도 인간의 가장 높은 욕구는 인정과 사랑의 욕구이다. 인간으로 태어남과 동시에 탑재되어 있는, 기본적으로 장착되어 있는 욕구이다. 하지만 그것이 무의식적으로 어느 정도 충족이 되었는지에 따라 삶에서 나타나는 현실이 다르다는 것을 알게 되었다.

그렇게 감정적으로 휘몰아칠 때 나의 현실은 어떠했을까? 또다시 예전의 패턴들이 나타나기 시작했다. 지금까지의 것보다 강력했다. 나의 일상적인 루틴이 무너지고 삶의 무기력함이 올라왔다. 예전엔 그것을 모르고 당한다면 지금은 내 상태를 알고 있다는 것이다.

여기서 다시 예전으로 돌아갈 것인가, 아님 새로운 또 하나의 길을 만들어 갈 것인가.

거울 앞에 앉아 나를 지켜보았다. 거울 속에 비친 모습은…. 나를 똑바로 쳐다보기가 힘들 정도였다. 얼굴에서 슬픔과 분노, 미움, 죄책감 등 또다시 부정적 감정 덩어리로 비춰졌다.

그런 감정 덩어리들은 울음과 함께 터져 나온다. 얼마나 많은 정화가 필요한 것일까? 분명 내 삶이 변하기 시작했는데 왜 제자리걸음처럼 느껴지는 것일까….

똑같은 남편이고 아이들인데, 내 마음 상태에 따라 달리 보이는 것을 안다. 그래서 이제는 누구를 탓하는 것도 원망도 할 수 없다. 현실에선 '너 때문이야'라고 비난하지만 내 마음에선 그것이 아니라는 것을 안다. 이렇게 비일관적이고 내 의식의 통일성이 없어지면서 더욱 불안정한 모습을 보이고 있는 것이다.

그렇게 한참 거울을 보면서, 사랑받고 싶어 했던 나의 모습이 떠오른다. 어떤 생각으로 예전의 나의 과거의 모습이 이미지로 떠오르는 것이 아니라 정확하게 표현하자면 느낌으로 다가왔다. 버림받고 싶지 않고, 거절당하지 않는, 그냥 존재 자체로 사랑받고 싶은 마음이 올라왔다.

그런 무의식의 작용은 현실에서 어떤 사건이나 문제로 나타났다. 그 사건이나 문제를 통해 나의 존재를 확인하고 사랑받고 있다는 것을 무한 반복적으로 확인하고 있었던 것이다. 그래서 과거를 지속적으로 소환하고 지났던 일에 대한 용서가 이루어지지 않는 것을 알게 되었다. 그것은 끊임없는 괴로움의 연속인 것이다.

이 모든 것이 어디로부터 나타나는 것인가? 그것은 나의 무의식 속에 있었던 것이다.

그동안 억압되었던 감정들과 고정 관념, 집단 무의식, 부모님의 상처, 그 윗세대에서부터 대물려왔던 선조들의 감정들까지···. 내 안에 여러 감정인격체들의 집합소인 무의식에서 일어나는 일들인 것이다.

한동안 나를 알기 위해 사주에 관심이 있었던 적이 있다. 기복적이고 맹목적인 것이 아닌 내가 가지고 태어난 여덟 글자, 즉 팔자 안에 무엇이 있는지가 궁금했다. 명리학의 학문으로써 나를 알고 싶었다.

내가 가진 사주 속에 나의 특성과 기질, 그리고 삶을 대하는 태도 등 내 삶이 있었다.

현실 속에서 어떤 괴로움이 부딪힐 때, '왜 나에게 이런 일이 생기는 거야?'라며 부정한다. 그리고 때론 '아이고 내 팔자야.', '그래 내 팔자가 그러니.'라고 체념하기도 한다. 그러다 '내가 왜?', '내가 문제가 아니라 저 사람이 잘못된 거야.'라고 탓하기 시작한다. 한마디로 나의 외부에서 일어나는 모든 상황들을 받아들이고 인정하기가 어려운 것이다.

아무리 내 사주를 들여다보고 내가 그래서 이렇구나 한들 내 마음에는 끊임없이 '내가 왜?'라는 의문이 들었다. 내가 아니라 지금 '이 사람이 문제고 이 환경이 문제인 거야.'라며 나를 피해자로 인식한다. 내가 잘못한 것은 없는 것 같은데 내 안에서 일어나는 것이라는 말에 억울하기도 하고 납득도 안 되는 것이다. 그래서 계속 억울하고, 분하고, 미움과 때론 죄책감 등의 여러 부정적 감정들이 차곡차곡 쌓이고 있었던 것이다.

거울명상을 하면서, 내 모습을 거울을 통해 바라보고 억압된 감정들을 흘려보내고 나의 무의식을 정화하는 과정에서 이제는 이 모든 상황들이 외부에 있는 것이 아니라는 것을 안다. 그리고 '나'의 문제가 아님을 안다.

그것은 내가 몸과 동일시하면서 그 괴로움을 나라고 인식하고, 사주가 나라고 생각하고 이 모든 것을 '나'라고 생각했기 때문에 인정하는 것이 어려웠던 것이다.

내가 아닌 '나의 무의식의 인격체'인 것이다.

나는 텅 빈 근원의 마음이고 순수의식이며 태양과 같은 사랑 그 존재 자체인 것이다. 그 속에 어떠한 부정성도 존재하지 않는다. 어떠한 에고도 없다.

지금은 '모든 문제는 내 안에서 일어나는 것이다.'라는 말에 어떠한 저항성도 느껴지지 않는다. 그것은 나의 존재가 아님을 알기 때문이다.

결국 외부 환경은 동일하다, 바뀐 것은 없다. 남편의 존재도, 아이들의 존재도, 우리 부모님, 내가 만나는 모든 사람들, 내가 살고 있는 동네, 우리 집 등 항상 그냥 그렇게 존재하고 있는 것이다.

하지만 나의 무의식의 인격체들은, 즉 억압된 감정들에 따라 그 모든 것이 달리 보이는 것이다.

그렇게 그 감정들이 휘몰아치는 순간 더 이상 무의식에 이끌려 과거의 삶을 반복하고 싶지 않았다. 그리고 남편과 함께 지난 생활 동안 느꼈던 감정들에 대해 이야기하였고 남편은 충분히 공감해주었으며 그간 쌓였던 오해나 마음들을 풀 수 있었다.

결국 세상은 그대로인데 바뀐 것은 나였다. 그렇게 내 삶을 받아들이는 태도가 바뀐 것이다. 외부에 집중하는 것이 아닌 나의 내면에 집중하면서 삶을 대하는 태도가 달라진 것이다.

나는 어떻게 살아야 하는지를 알게 되었다

『거울명상』에서는 인생을 살아가는 방법에 두 가지를 제시한다.

"첫째, 무의식이 꾸며내는 꿈이 현실을 실제라고 착각하며 꿈속의 등장인물로 살아가는 삶이다. … 풍요와 빈곤, 유능과 무능, 우월감과 열등감, 기쁨과 슬픔, 행복과 불행, 사랑과 미움 등을 오르내리는 고통스러운 롤러코스터 현실을 꾸며낸다.

둘째, 꿈에서 깨어나 '원래의 나'인 텅 빈 근원의 마음, 즉 순수의식으로 살아가는 삶이다. … 근원의 사랑 속에 사는 삶이다."

어떤 삶을 선택할 것인가?

그동안 우리는 첫 번째의 삶처럼 억압된 감정과 무의식이 꾸며낸 현실 속에서 괴로움과 하나가 되어 세상 살기 힘들다며 온갖 부정성을 경험하며 살아왔다.

하지만 자신의 내면과 만나고 내 안의 억압된 감정들과 무의식을 정화하며 내 마음의 공간이 비워지고 나의 의식이 확장되면서 그 괴로움이 내가 아님을 안다.

그렇게 근원의 사랑 속에 사는 삶을 선택한다.

우연히 알게 된 거울명상을 통해 나는 진정 나를 사랑하는 법을 알게 되었다.

내 삶을 온전히 들여다볼 수 있는 용기를 가질 수 있게 되었다. 그 용기는 내 모습을 있는 그대로 받아들이고 인정할 수 있게 도왔으며 나의 존재 자체를 사랑할 수 있도록 하였다.

더 이상 나를 부정하지 않고 내 삶을 부정하지 않는 마음이 생긴다.

타인의 시선에 민감하지 않고 내가 원하는 삶을 살아갈 용기가 생긴다. 타인에게 인정받고 싶어 하고 사랑받고 싶어 하며 끊임없이 갈구하고 내면의 가면을 쓰면서 나를 포장하지 않아도 된다. 내 안의 빛이 충만함을 알고 내가 사랑임을 알게 되는 것이다.

그리고 매 순간 깨어 있는 삶을 위해 노력한다. 무의식적이고 즉각적인 반응을 지켜보면서 어떤 경계에도 흔들리지 않고 이 순간의 평온함을 느낄 수 있는 단단함을 만들어간다.

과거의 감정 속에 갇혀 매일 똑같은 삶을 되풀이하지 않으려고 노력한다. 묵묵히 나의 텅 빈 근원의 마음과 순수의식과 하나 되어 삶을 살아가는 것이다.

그것을 위해 매일 거울을 마주하고 나의 내면에 집중하면서 거울 속에 비친 내 모습을 지켜본다.

처음 거울명상을 하면서 어떤 감정도 떠오르지 않으며 그렇게 멍하게 거울만 지켜보던 시간이 엊그제 같은데 그동안 수많은 일들을 경험하고 이 글을 쓰면서 이 모든 것이 우연이 아님을 알게 되었다. 이 과정은 내 삶의 축소판이기도 했다.

거울명상을 통해 그동안 내 스스로 상처를 마주하기 힘들어 봉인되었던 감정들이 터져 나오면서 걷잡을 수 없는 감정들이 회오리 쳤다. 그 속에 내가 느끼지 못했던, 알지 못했던 감정들을 마주해야 했고 매일 거울을 보면서 그 감정들을 인정하고 흘려보내야 했다.

혹여나 잘못하고 있는 것은 아닐까…. 내 안의 부정성이 올라올 때면 글을 쓰는 과정에서 다시 바로잡을 수 있었다.

책을 쓰면서 내가 삶을 대하는 태도를 고스란히 느끼게 되었고 그러한 속에 원고 마감일에 대한 압박감으로 지금 생활에 집중하지 못하고 있음을 알게 되었다. 매일 써야하는 분량을 채우지 못할 땐 찝찝함과 불안감이 올라 왔다. 그럴 땐 글쓰는 것을 멈췄다. 일주일이고 열흘을 넘게 글을 쓰지 않았다. 그렇게 나를 지켜본다. 그리고 원고를 마감하는 시간이 문제가 아님을 알게 되었다. 이것을 끝내고 나중에 아이들과 놀아줘야지, 여행을 가야지, 읽고 싶었던 다른 책들을 읽어야지 했던 나의 태도는 내 삶의 태도를 반영하고 있었던 것이다.

다음은 없다. 지금, 이 순간뿐이다. 지금 이 순간 내가 해야 하는 것에 집중하는 것이다. 이 순간 나와 함께하는 사람을 사랑하는 것이다.

설거지를 할 땐 설거지에 집중하고, 밥을 먹을 땐 음식을 씹고 맛을 느끼며 지금 하고 있는 행위에 집중한다. 길을 갈 때도 목적지를 향해 가고 있지만 내 발이 땅을 디디며 걸어가는 그 느낌에 집중하면서 매 순간 깨어 있는 삶을 살고자 했다.

그러한 훈련 속에서 나는 충만함과 감사함을 느꼈다. 내가 가진 것에 감사함을 느끼고 결핍에 집중하는 것이 아니라 현재 내가 쓸 수 있는 범위에서 풍요로움을 느낀다.

내가 알고 있는 이들의 사랑이 온전히 느껴진다. 그동안 내 안의 틀에 갇혀 왜곡하거나 곡해해서 보였던 것이 이제는 있는 그대로 봐지면서 온전히 느껴지는 것이다.

목표를 달성하고 성공을 위해 어떤 것을 구하고 성취하고자 지금, 이 순간을 잃어버리는 것이 아닌 나의 존재를 위한 삶을 사는 것이다. 내가 좋아서 하는 일을 하고 내가 원하는 삶을 선택하는 것이다. 그 속에 일어남을 있는 그대로 인정하고 수용하면서 그 과정에 집중하고 즐기는 삶을 사는 것이다.

살아 있는 것이 괴로움이었건만 지금은 살아 있음이 축복이고 감사함으로 다가온다.

거울명상 몇 번 했다고 모든 것을 깨달은 것은 결코 아니다. 지금까지 머리로 이해되었던 것이 마음으로 느껴졌으며 여전히 아는 것보다는 모르는 것이 더 많다.

여전히 나에 대해 탐색하는 과정 중에 있으며, 거울명상이라는 도구를 통해 현실을 창조하는 삶을 살아가는 것을 알게 된 것이다.

현존하는 모든 것이 나의 성장을 위해 돕고 있는 것을 안다. 기쁨도 시련도 같은 맥락인 것이다. 지금 이 순간 나를 있게 만든 모든 것에 감사하다.

우연이라 생각했던 모든 일은 내 삶이 흐르는 과정에 일어날 일들임을…. 내가 그것을 어떻게 받아들이는 것인가에 따라 내 삶이 달라진다는 것을 안다.

언어로 표현하면 참으로 간단하고 쉽게 들린다. 하지만 이것을 직접 실천하지 않고 머리로만 이해한다면 생활 속에서 그것을 결코 느낄 수 없을 것이다.

이 현실은 나의 억압된 감정과 무의식에서 비롯한 환상임을 매일 거울을 마주보면서 확인한다. 그리고 모든 것을 어떠한 분별도 없이 있는 그대로 인정하고 흘려보낸다.

그러한 반복 속에 그 누구도 아닌 나만이 살아가야 할 삶이 펼쳐지지 않을까?

거울명상의 실제
(출처 :『거울명상』, 김상운, 정신세계사)

거울명상 하는 법

1. 육안의 힘을 완전히 뺀 채, 어떤 사물에도 초점을 맞추지 않고(멍한 눈으로, 육안은 그냥 유리창이라 상상하며) 육안의 시야에 들어오는 내 몸 앞의 공간(거울이 붙어 있는 벽면 등) 전체를 가만히 바라본다. 육안으로 초점을 맞춰 바라보면 두뇌 속에서 돌아가는 생각이 꾸며내는 환영(사물)들을 보게 된다.

2. 육안으로 바라볼 수 없는 내 몸 뒤쪽의 공간(내 몸 뒤의 벽과 사물 등) 전체를 가만히 바라본다.

3. 육안은 내 몸 앞의 공간밖에 바라보지 못하지만, 거울을 이용해 내 몸 앞의 공간과 내 몸 뒤의 공간 전체를 동시에 바라보는 순간 마음의 눈이 활짝 열린다. 나는 몸을 벗어나 '지금 여기'라는 3차원 공간 전체를 객관적으로 바라보게 된다.

4. '지금 여기'라는 공간 속에 갇혀 있는 나는 내 몸과 사물들을 서로 분리된 것으로 인식한다. 즉, 가로, 세로 높이가 있는 입체로 인식한다. 하지만 내 몸을 벗어나 '지금 여기'라는 공간 전체를 객관적으로 바라보면? 내 몸 앞의 벽면과 내 몸 뒤의 벽면 사이에 거리가 존재하는가? 아니다. 두 벽면은 서로 분리된 게 아니라 붙어 있다. 두 벽면 사이의 모든 사물들도 마치 한 장의 사진처럼 역시 서로 붙어 있는 한 장의 이미지다. '지금 여기'는 명멸하는 빛의 떨림으로 생기는 내 마음속의 이미지임을 알게 된다.(거울명상이 깊어졌을 때 몸을 좌우로 슬며시 움직여보라. 거울 속의 벽과 사물들이 실제로 한 장의 종이처럼 몸과 함께 좌우로 움직이는 걸 직접 볼 수 있다.)

5. 내 몸이 '지금 여기'라는 공간 속의 이미지임을 자각할수록 내 마음은 점점 텅 비어간다. 그러면서 나는 점점 텅 빈 마음(진공, 순수의식, 근

원의 빛, 근원의 사랑, '원래의 나')과 하나가 된다. 실제로 존재하는 건 텅 빈 마음뿐임을 느껴보라.

6. '지금 여기'라는 공간이 내 마음속의 환영이라는 사실이 들통나면 몸을 실제라고 착각해 몸에 달라붙어 있던 수많은 감정 인격체들은 어떻게 될까? 텅 빈 마음의 공간에 붕 뜨게 된다. 그리고 내가 그 인격체들을 인정해주기만 하면 즉각 사라진다. 즉, 내가 텅 빈 마음으로 돌아가면 몸에 투사됐던 감정들은 갈 곳을 잃고 텅 빈 마음속으로 사라지게 되는 것이다. 원래 텅 빈 마음속에서 태어난 환영들이기 때문이다.

7. 몸을 벗어난 텅 빈 마음이 된 나는 관찰자의 눈으로 어떤 평가나, 심판도 하지 않고 텅 빈 마음의 공간 속에서 어떤 생각이나 감정이 떠오르는지 관찰한다. 그렇게 관찰자의 마음 상태를 유지하면서 그동안 억눌러놓았던 감정을 느껴가며 말로 표현해보라. 예컨대 "난 죽는게 너무 두렵다."라고 반복해 말해보라. 그럼 인격화된 두려움이 점점 의식의 표면으로 올라오게 된다. 감정인격체는 자신의 존재를 아무 평가 없이 있는 그대로 인정받고 이해받고 있다고 느낄 때, 자신의 존재를 잘 드러낸다. 두려움이 올라오면서 거울 속의 내 얼굴이 마귀처럼 검게 변한다.

감정인격체들이 느끼는 수많은 가해자와 피해자의 얼굴들이 내 얼굴 위에 투사돼 나타나기도 한다. 감정 인격체들은 이처럼 내 몸을 통해 자신을 표현한다. 몸도 마음의 일부임을 알 수 있다. 나 자신이 근원의 마음과 하나가 되면서 몸 주위에선 아름답고 투명한 빛 물결, 이른바 오라가 보이기도 한다. 파랑은 정직과 지능, 초록은 안정과 휴식, 분홍은 포근한 사랑, 연보라나 하양은 치유, 검정은 치유를 기다리는 마음 등을 나타낸다. 감정에너지들이 몸을 통해 빠져나가면서 온갖 몸 반응이 일어날 수도 있다. 몸 반응이 일어나는 동안에도 나는 모든 움직임을 있는 그대로 가만히 바라보며 인정해주는 관찰자임을 자각하라. 치유는 저절로 일어난다.

8. 몸 반응이 잘 일어나지 않는다면? 내가 아직 몸을 완전히 벗어나지 못했다는, 즉 아직 감정인격체들의 지배를 벗어나지 못했다는 뜻이다. 그럴 땐 5번에서 설명한 것처럼 내 몸이 텅 빈 내 마음속의 환영임을 고요한 마음으로 되뇌어본다. 또는, 몸속의 공간을 서서히 방 안 크기 → 건물 크기 → 지구 크기 → 우주 크기 → 무한대로 넓혀가면서 그 공간 속에서 어떤 생각과 감정들이 떠오르는지 가만히 살펴보아도 된다. 그럼 생각과 감정들이 사라지면서 몸에서 점점 벗어나 텅 빈 마음이 된다.

9. 거울명상으로 생각과 감정이 사라질수록 육안에 보이는 색(color)이 사라지고, 빛(light)만 남는다. 얼굴과 몸이 탈색된 이미지로 보이기도 한다. 마치 컬러 티비를 보다가 흑백 티비 화면을 보는 것과 흡사하다. 생각이 꾸며내는 환영을 두뇌에 붙어 있는 육안을 통해 바라볼 땐 생생한 컬러로 보이지만, 두뇌를 벗어나 마음의 눈을 통해 바라볼 땐 흑백화면처럼 보이는 것이다. 이미 지나간 일들을 마음의 눈으로 뒤돌아볼 땐 컬러가 아닌 탈색된 이미지로 떠오르는 것과 같은 이치다. 얼굴이나 몸이 아예 사라지기도 한다. 몸을 벗어난 텅 빈 마음인 관찰자는 모든 곳을 볼 수 있고, 모든 곳에 존재하고, 모든 것을 아는 앎이고, 근원의 빛이자 근원의 사랑이다. 관찰자의 눈으로 거울 속의 나를 남처럼 바라보며 말을 걸어보라.

"인생살이가 너무 힘들지? 짊어진 짐이 너무 무겁지? 너무 외롭지? 맘껏 울고 싶지? 나는 근원의 사랑이란다. 모든 아픔을 맘 놓고 털어놓아 보렴. 두려움? 분노? 억울함? 미움? 수치심?"

예컨대 이런 식으로 억눌렸던 감정들을 하나씩 끌어올릴 때마다 감정 인격체들이 올라오면서 얼굴 빛깔이 검정 등으로 어두워짐과 동시에 몸

주위엔 하양, 연보라 등 치유의 빛이 나타나기도 한다. 그러면서 치유된다.

10. 무의식 속의 감정인격체들은 '현실'이라는 생생한 인생 영화를 통해 자신들의 감정을 표현하기 때문에, 내가 거울명상 중 어떤 인격체의 감정을 느껴주며 따라가다 보면 그 인격체가 맨 처음 상처를 받았던 당시에 상영됐던 인생 영화의 장면들이 시공을 초월해 생생하게 다시 떠오르기도 한다. 예컨대 태어나 유아기 때의 상처받은 경험, 때로는 수백 년 전 조상(혹은 전생)의 상처받은 경험이 영화 장면처럼 떠오를 수도 있다. 두려워하지 말고 텅 빈 관찰자의 마음으로 지켜보며 그 감정을 느껴주고 이해해주면 된다.

거울명상이 어느 정도 익숙해지면 다음과 같이 명상 과정을 단순화시킬 수 있다.

단순화된 거울명상

1. 거울을 이용해 내 몸 앞뒤의 공간 전체를 한꺼번에 바라본다.

→ 마음의 눈이 활짝 열린다.

2. 텅 빈 공간 속의 모든 움직임(생각, 감정, 몸 반응)들을 아무 평가, 판단, 심판 없이 관찰한다.

3. 올라오는 감정들을 느껴가며 인정해주거나 말로 표현해주면 사라진다.

거울명상으로 무의식이 정화될수록, 점점 거울 없이도 '지금 여기'라는 3차원 공간이 텅 빈 내 마음 속의 환영임을 자각하며 살아가게 된다.